In der zweiten Hälfte des 20. Jahrhunderts erwacht ein neuer religiöser Glaube und unterwandert klammheimlich die westliche Welt: Der Glaube an die Information. Seither hat der Begriff eine unvergleichliche Geschichte hingelegt. Sie ist überall, steuert alles und trägt unzählige Phantasien einer besseren Welt. Mit dem Heiligen Geist Information steht die baldige Überwindung der Materie, der Sterblichkeit und der Zeit in Aussicht: Wer die Zukunft abschafft, braucht sie nicht zu fürchten. Das viel diskutierte »Ende der Geschichte« gibt sich als informationstheoretische Zirkularität zu erkennen.

Robert Feustel (Dr.) studierte Politikwissenschaft und Geschichte in Leipzig und Madrid, er beschäftigt sich mit politischer Theorie, Stadtsoziologie sowie Wissens- und Wissenschaftsgeschichte. Er publizierte unter anderem zu Drogen und Rausch, zu LSD, Kybernetik und Derridas Dekonstruktion. Zuletzt war er Mitherausgeber des Wörterbuchs des besorgten Bürgers und des Handbuchs Drogen aus sozial- und kulturwissenschaftlicher Perspektive. Aktuell arbeitet er im Fachbereich Wissenssoziologie und Gesellschaftstheorie am Institut für Soziologie der Friedrich-Schiller-Universität Jena.

Robert Feustel

»AM ANFANG WAR DIE INFORMATION«

DIGITALISIERUNG ALS RELIGION

VERBRECHER VERLAG

SACHSEN
ROSA LUXEMBURG STIFTUNG SACHSEN

Das Buchprojekt wurde durch die Rosa-Luxemburg-Stiftung Sachsen gefördert. Diese Steuermittel werden auf Grundlage des von den Abgeordneten des Sächsischen Landtags beschlossenen Haushaltes zur Verfügung gestellt.

Erste Auflage
Verbrecher Verlag Berlin 2018
www.verbrecherei.de

Satz: Sarah Käsmayr
Gestaltung: Christian Walter
Druck und Bindung: CPI Clausen & Bosse, Leck

ISBN 978-3-95732-369-9

Printed in Germany

Der Verlag dankt Max Dornenmann, Chandra Esser und Philipp Hartmann.

INHALT

»AM ANFANG WAR DIE INFORMATION«

> Das Wort wirkt unschuldig, weil jeder über Information, Informationstechnik und Informationsgesellschaft spricht. Es ist jedoch wesentlich, weil seine Definition eine ganze Theorie des Wissens beinhaltet.
>
> *Lars Qvortrup*

Martha ist am Boden zerstört. Ihr Freund[1] Ash ist kürzlich bei einem Unfall ums Leben gekommen. Eine Bekannte, die vor einiger Zeit selbst einen tragischen Verlust erlitten hatte, bietet Martha Hilfe in digitaler Form. »Ich könnte dich bei etwas anmelden. [...] Es lässt dich mit ihm sprechen«, verrät sie der Trauernden eher kryptisch. »Er war viel online. Er wäre perfekt.« Ungefragt tippt sie Ashs Namen in eine Software und lädt Martha zum virtuellen Gespräch. Die Algorithmen sammeln alles, was sie im Netz, in sozialen Medien und bei Nachrichtendiensten, zu Ash finden können und kreieren einen Chatbot, der ähnlich reagiert wie er. Der Algorithmus kopiert Sprachmuster und typische – etwa zynische oder ironische – Reaktionsweisen. Martha gibt ihren anfänglichen Widerstand gegen die zunächst nur textbasierte Verdopplung ihres Freundes auf, als sie feststellt, dass sie schwanger ist und die dauerhafte Abwesenheit des Kindsvaters verkraften muss. Mit der Zeit beginnt sie zu vergessen, dass sie nicht wirklich mit ihrem verstorbenen Freund kommuniziert. Der Bot agiert täuschend echt, nur manchmal verrechnet er sich und

1 Egal welche Form gewählt wurde: Es sind immer alle Geschlechter gemeint.

antwortet unangemessen ausschweifend, weil seine Erinnerung besser ist als jene seines verstorbenen Pendants.

Der virtuelle Ash springt jedoch schrittweise aus dem Rahmen digitaler Zeichen. Nachdem Martha reichlich Bild- und Tondokumente hochgeladen hat, kann sie mit einer nach Ash klingenden Stimme sprechen, die – nach Auswertung unzähliger schriftlicher und mündlicher Textbausteine – auch noch angemessen, also wie Ash, reagiert. Fortan verdrängt sie die Trauerarbeit mit ihrem digitalen, aber immerhin schon stimmlich nachgebildeten Freund. Die gewissermaßen vollständige digitale Reproduktion eines Individuums scheint, jenseits seiner Körperlichkeit, Realität und verändert vorsichtig formuliert die Folgen eines tragischen Verlusts.[2]

Diese mit »Wiedergänger« überschriebene Episode der Serie *Black Mirror* zeichnet ein recht präzises Bild aktueller Überlegungen zum Upload, zu künstlicher Intelligenz und digital reproduzierter Subjektivität. Später wird das Duplikat von Ash sogar einen dem Anschein nach mit dem Original identischen Körper bekommen, was der Story einen anderen Dreh gibt. Ich komme darauf zurück. Bis zu diesem Schritt allerdings ist die Serie, ausgestrahlt 2013, nicht so futuristisch, wie sie anmutet. Unmittelbar beeinflusst vom Tod ihres besten Freundes und von der Serie selbst unternimmt die Firmengründerin Eugenia Kuyda – in real life gewissermaßen – den Versuch, den Serienplot Wirklichkeit werden zu lassen. Sie erschafft »in ihrem KI-Start-up ein künstliches neuronales Netzwerk«, das sie »mit Tausenden von [...] SMS und Kurznachrichten« ihres verstorbenen

2 Der Film *Her* aus dem Jahr 2013, gedreht von Spike Jonze, bespricht ein ähnliches Thema. Eine neue Version eines Betriebssystems ist mit »intelligenter« Software ausgestattet und beginnt, ein Eigenleben zu entwickeln. Der Film erzählt schließlich die Liebesgeschichte zwischen einer digitalen Intelligenz und einem einsamen Menschen, eingerahmt von einem bisweilen dystopischen Bild vereinzelter Individuen, die vernetzt sind, aber nicht miteinander reden.

Freundes füttert, um eine KI zu erschaffen, die so reagiert (jedenfalls schriftlich) wie er.[3] Eine lange Reportage zum Fall ist sinnbildlich überschrieben mit »When her best friend died, she rebuilt him using artificial intelligence«.[4] Wir befinden uns offenbar auf dem Weg. Die digitale Reproduktion des Menschen läuft an.

Die Diskussionen zu Möglichkeiten und Grenzen solcher Überlegungen, also zur binären Verrechnung der Welt mitsamt ihrer digitalen Reproduktion, werden breit geführt. Besonders popkulturell und anschaulich gibt sich die Debatte, wenn sie auf die Frage zugespitzt wird, ob Gehirn und Rechenmaschine auf dieselbe Weise funktionieren, ob der Unterschied zwischen Mensch und Computer substantiell oder doch nur graduell ist. Was also die Serie *Black Mirror* verhandelt (Menschen sind be- oder ausrechenbar und können daher mindestens virtuell und vielleicht sogar körperlich adäquat nachgebaut werden), ist – als Debatte – schon beträchtlich älter. Für diesen Gedanken braucht es ein allgemeines Maß, eine Einheit, die Denken oder Gefühle mit Halbleitern und Berechnungen vergleichbar machen könnte. Genau an diesem Punkt betritt die Information das Spielfeld und setzt eine ganze Serie von Vergleichen ins Werk: Alles Mögliche wird zu unterschiedlichen Varianten massenhaft aneinandergereihter Nullen und Einsen umgedeutet. Informationen durchströmen schließlich die Welt, sie stecken in allem. Sie lassen neue Zusammenhänge erkennen und erscheinen als das allgemeine Maß, als die basale Substanz, die all die Phantasien von Upload und digitaler Reproduktion ermöglicht. Man muss nur genug von ihnen sammeln

3 Patrick Beuth: *Wie ein Toter als Chatbot weiterlebt*, in: Zeit Online 7. November 2016, www.blog.zeit.de/teilchen/2016/10/07/ki-chatbot-tot-kuenstliche-intelligenz (Zugriff am 30. September 2018).

4 Casey Newton: *Speak, Memory. When her best friend died, she rebuilt him using artificial intelligence*, in: The Verge 2016, www.theverge.com/a/luka-artificial-intelligence-memorial-romanmazurenko-bot (Zugriff am 11. September 2017).

und passend zusammenfügen, dann wird es keinen Unterschied zwischen Mensch und (Rechen-)Maschine, zwischen dem leiblichen Ash und seiner Kopie mehr geben. Selbst die Zeit lässt sich so möglicherweise überwinden.

Der Wissenschaftsjournalist James Gleick hat der Idee Information ein viel diskutiertes Buch gewidmet, das seinen Gegenstand unumwunden heiligt und damit ziemlich nah am Zeitgeist ist: »Heute können wir erkennen, dass Informationen unsere Welt antreiben«, schreibt er. »Sie sind das Blut und der Treibstoff, das Vitalprinzip des Lebens. Sie durchdringen die Wissenschaften von der untersten bis zur höchsten Ebene und transformieren jeden Wissenszweig.«[5] Mittlerweile ist diese Perspektive Standard. Mit *Wie Maschinen denken lernen* ist beispielsweise ein teils euphorischer Text in der *Zeit* zur digitalen Revolution überschrieben. »Daten haben die Menschheit fest in ihren Griff genommen«, heißt es. »Unablässig sammeln unzählige Elektronikgehirne Unmengen an Informationen, speichern und bündeln sie und errechnen daraus immer neue Korrelationen und Zusammenhänge, die zu konkreten Handlungsanweisungen in allen Bereichen des modernen Lebens führen.«[6] Kann man sich etwas Wichtigeres, etwas Bedeutenderes vorstellen als gerade das offenbar universelle Ding Information, wenn es das Vitalprinzip selbst ist und alle Lebensbereiche umkrempelt?

Und tatsächlich, Informationen scheinen überall – von Computern und unter die Haut gewanderten Mikrochips, die Informationen verarbeiten, über das markante »i« an Touristeninformationen in vielen Ländern bis zu einer Vielzahl an alltäglichen Sprechakten, die den Begriff aufrufen. Wer versucht, zur Bedeutung von

5 James Gleick: *Die Information. Geschichte, Theorie, Flut*, München: Redline, 2011, 14.

6 Joachim Riedl: *Wie Maschinen denken lernen*, in: Zeit Online 19. März 2018, www.zeit.de/2018/12/viktor-mayer-schoenberger-digitalisierung-big-data (Zugriff am 22. Mai 2018).

»Information« zu recherchieren, erkennt den Taumel, in dem eine solche Suche fast zwangsläufig mündet. Jene Internetseiten, die ohne das Wort auskommen, dürften in der Minderheit sein. Nach Informationen zu suchen, ist etwa wie im Wald zu stehen und nach Bäumen Ausschau zu halten. Das Wort ist üblich und im besten Wortsinn selbstverständlich, seine Bedeutung ist offenbar derart gewiss, dass es sich als Mittel zur Suche überflüssig gemacht hat. Wer bestückt eine Suchmaschine schon mit »Informationen zu Lachscarpaccio«, wenn »Lachscarpaccio« die Sache auch erledigt, weil sowieso klar ist, dass es um Informationen geht?

Alles scheint in Informationen übersetzbar und von ihnen abhängig. Sie werden gespeichert, prozessiert, weitergegeben oder zurückgehalten, gesammelt, gefälscht oder gehandelt. Man kann sich informieren oder desinformiert sein. Wir bestehen aus genetischen Informationen und verarbeiten sie neuronal. Wenn wir kommunizieren, tauschen wir Informationen aus. Selbst körperliche Interaktionen lassen sich auf diese Weise verstehen. Gesten und Kleidung etwa versenden versteckt und mitunter nicht intendiert Informationen, wie Pick-up-Artists und Verhaltensforscher sagen. Die signifikanten rechten Nachbarn im grammatischen Sinn von Information sind -Technology, -Center, -Management, -Service, -System, -Lifestyle, -Officer, -Security, -Act oder -Worker.[7] Doch gerade diese universelle Verbreitung, diese Allgegenwart von Informationen macht stutzig.

Im Kontext der Computer Sciences oder der Informationstechnologie wird die Bedeutung des Begriffs schon länger diskutiert. Der Streit um das Verhältnis zwischen Mensch und Maschine hat zudem eine längere, analoge Vorgeschichte, die sich mit Alan Turings erster Rechenmaschine und den zunächst wissenschaftlichen und dann

7 Siehe www.wortschatz.uni-leipzig.de/abfrage (Zugriff am 22. Juni 2015).

gesellschaftlichen Debatten, die seit den späten 1940er Jahren am Begriff Kybernetik und vor allem am Namen Norbert Wiener hängen, gewissermaßen digitalisiert. Seither ist die Frage, ob der Mensch letztlich nur wie ein sehr potenter Computer tickt, hundertfach gestellt und etwa ebenso oft vermeintlich beantwortet worden. Die allgemeine Struktur der Argumentationen ist dabei recht einfach: Entweder sind die Rechner nur noch nicht ausreichend leistungsfähig, um menschliches Verhalten anzunehmen und selbst zu lernen und zu argumentieren. Oder – und dies ist die gegenwärtig eher marginale Position – es gibt eine ganz grundsätzliche Differenz zwischen dem unergründlichen Phänomen des menschlichen Denkens und Rechnern, die nur Nullen und Einsen prozessieren. Mal offener und mal versteckt lauert im Kern der Debatte die Frage, wie genau der Begriff Information zu verstehen ist. Oder anders: Wenn Information tatsächlich die universelle substanzlose Substanz ist, die gleichsam in allem steckt und alles strukturiert, dann ist tatsächlich nicht zu erkennen, was Mensch und Computer unterscheiden sollte.

Dabei ist Information ein vom Menschenhirn erdachter Signifikant, der permanent schillert, Form und Sinn wechselt und gerade durch seine uferlose Verwendung entleert wird. Die moderne Version des Begriffs hat zudem eine recht kurze Geschichte. Erst seit Claude Shannon 1948 seine *Mathematische Theorie der Kommunikation* veröffentlichte, kursiert das Wort in seiner modernen Gestalt und hat sich bis heute tatsächlich tief in die Wissensordnung der Zeit eingegraben. Seine Bedeutung hat sich freilich nicht geklärt, seine Konturen haben sich nicht geschärft. Im Gegenteil: Er ist zerfasert, aufgebläht und umgekrempelt worden, bis er schließlich so viele Formen angenommen hat, dass seine Bedeutung vollends im Nebel flächendeckender Verwendung unterzugehen droht.

Die Logik ist simpel: Wenn alles Information ist, verliert der Begriff seinen Sinn, weil sich ihm nichts entgegenstellen lässt. Wenn alles Information ist, dann ist nichts Information oder Information ist nichts. Am Ende bleibt ein Begriff, der krampfhaft versucht, Abgrenzungsbeziehungen herzustellen, um seinen Gehalt, seinen Sinn zu behalten. Außer in bestimmten computertechnischen Bereichen gibt es kaum einen Platz im sprachlichen Netz, an dem Information nicht mit einem anderen, präziseren Begriff zu ersetzen wäre.

Mercedes Bunz etwa hat die substantiellen Veränderungen, die mit Information und ihren Techniken einhergehen, in der griffigen Phrase einer »stillen Revolution« gebündelt. Wir erleben gegenwärtig, argumentiert sie, eine Transformation, die der industriellen Revolution in Umfang und Bedeutung in nichts nachsteht und alles ändert. Aber die Idee oder Sache, den Signifikant oder das Phantasma Information stellt sie nur am Rand kurz vor. Bunz ruft die Definition aus dem *English Oxford Dictionary* auf, das den Begriff als »gelieferte Fakten über etwas« von Wissen differenziert.[8] Dabei belässt sie es, um anschließend Information mal als Wissen (»Wissen to go«) zu verhandeln,[9] mal als technisches Element, mal als Allgemeingut. Oder Information ist das bedeutungslose Gegenüber von Wissen, das erst durch Deutung zu jenem werden kann. An einem zentralen Punkt der Diskussion steht häufig ein Begriff, dessen Sinn immer schon angenommen wird, der tatsächlich aber unklar und nebulös ist.

Man mag dies als fahrlässig abtun oder argumentieren, dass eine andere Perspektive ein anderes Argument hervorgehoben hat. Bunz – um bei diesem Beispiel zu bleiben – hat zudem völlig Recht, wenn sie argumentiert, dass nicht die Technik Gefahren birgt, sondern einzig ihre Verwendung. Was allerdings verlorengeht, sind die Macht- und Ordnungseffekte, die ein so einflussreiches wie allgegenwärtiges

8 Mercedes Bunz: *Die stille Revolution: Wie Algorithmen Wissen, Arbeit, Öffentlichkeit und Politik verändern, ohne dabei viel Lärm zu machen*, Berlin: Suhrkamp, 2012, 15.
9 Ebd., 36.

Konzept liefert. Mit ihm wird universelle Erklärbarkeit postuliert und umfassende Steuerung imaginiert. Das beginnt mit einer informationstheoretisch durchdeklinierten Gentechnik, die darauf aus ist, passgenau genetische Informationsstränge zu verknoten. Es verläuft über unzählige pädagogische Mechanismen und Schaltstellen der Subjektivierung bis zu großen gesellschaftlichen Prozessen. Im Maschinenraum der zeitgenössischen Präventionseuphorie (mit Blick auf Kriminalität und Gesundheit etwa) verrichtet der Treibstoff Information seine Arbeit: Wenn nur genug davon gesammelt und ausgewertet wurde, wird sich die Zukunft antizipieren und entsprechend steuern lassen. Theoretisch dürfte selbst der Todeszeitpunkt eines Menschen berechenbar sein, sofern keine unvorhergesehenen Ereignisse die Modellierung durchbrechen.

Wenn Joseph Vogl argumentiert, dass über die Universalisierung der Finanzmärkte die »Zukunft [...] immer schon eingepreist« ist,[10] läuft auch dieser Mechanismus nur mithilfe des Relais Information. Informationen werden eingeholt, prozessiert und gehandelt. Ihren Ausdruck finden sie in Aktienkursen und Währungsrelationen. Das Phantasma der Finanzmärkte besteht also darin, als Ausdruck frei zirkulierender Informationen für Systemstabilität zu sorgen und die realwirtschaftlichen Schwankungen aufzufangen, was einen Grund liefert, diese Märkte kaum zu beschränken oder aufzulösen. Ich glaube, man kann die gegenwärtige Funktion der Finanzmärkte (abseits ihrer oligarchischen Tendenzen) nicht ohne einen informationstheoretischen Überbau verstehen, der sich in der Allgemeinheit des Begriffs Information versteckt.

Kurz: Das ganze aktuelle Denkgefüge scheint immer wieder auf Information zurückgeworfen oder von ihr auszugehen. Aber weil Sinn und Bedeutung des Begriffs so herrlich vielfältig und mitunter

10 Joseph Vogl: *Das Gespenst des Kapitals*, Zürich: diaphanes, 2010, 114.

widersprüchlich sind, ist Information kein einfach existierendes Ding, das nur lange, lange Zeit seiner Entdeckung harrte. Es ist kein Signifikat, das endlich zur Sprache gefunden hat, wie allzu gern angenommen wird. Information ist vielmehr ein »leerer Signifikant«,[11] der das zeitgenössische Wissen wie kaum ein anderer ordnet und sich gleichzeitig nicht bestimmen lässt. Gerade in dieser Dopplung von praktisch überdeterminiert und theoretisch unterbestimmt liegt sein Machteffekt: Man muss daran glauben; man muss also an die Allgegenwart und die göttliche (weil die weltliche Tristesse der Materie überschreitende) Kraft der Informationen glauben. Dann wird sich eine Welt zeigen, die voller vermeintlich phantastischer Perspektiven ist und die Last der Stofflichkeit hinter sich weiß.

Wir haben es also mit einem quasireligiösen Begriff zu tun, der aus den Wissenschaften immer wieder Unterstützung erfährt. Dabei scheint niemand halbwegs präzise ausdrücken zu können, was der Begriff umreißt. Was im Zeitgeist so tief versenkt ist, dass man es kaum noch sieht, hat im Elfenbeinturm seit den späten 1940er Jahren heftige Debatten ausgelöst. Der Philosoph Fred Dretske beispielsweise schreibt 1981 tatsächlich völlig ironiefrei: »Am Anfang war die Information. Das Wort kam später.«[12] Die religiöse Anleihe ist sicher nicht zufällig. Die Information geht Gott voraus. Der Biologe Tom Stonier verweist zwar nicht auf die Bibel, sieht allerdings ebenfalls die göttliche Rolle von Informationen, welche die Wissenschaft endlich entdeckt habe. Sein Buch aus dem Jahr 1990 trägt den wenig

11 Ernesto Laclau: *Emanzipation und Differenz*, Wien, Berlin: Turia & Kant, 2010, 65.

12 »In the beginning there was information. The word came later«, Fred Dretske: *Knowledge and Flow of Information*, Cambridge: MIT-Press, 1981, vii. Sigmund Freud hatte sein Werk *Totem und Tabu* ähnlich großspurig mit der Formel »Am Anfang war die Tat« beendet und seine Schrift damit ebenfalls in eine Reihe mit der Bibel gestellt, Sigmund Freud: *Totem und Tabu. Einige Übereinstimmungen im Seelenleben der Wilden und der Neurotiker*, Leipzig: Internationaler Psychoanalytischer Verlag, 1922, 216.

zurückhaltenden Titel *Information und die innere Struktur des Universums.*[13] Die These, alles Sein sei binär und daher mit Mathematik (oder Physik) und Gott (oder Metaphysik) verschmolzen, wird regelmäßig in Stellung gebracht, etwa im Plus Magazine 2015.[14] Dass die entsprechende Reihe *Information about information* heißt, legt die Selbstbezüglichkeit eines leeren Signifikanten offen. Weitere Beispiele ließen sich unschwer ergänzen, genauso wie mehr oder weniger gut begründete Einwände gegen solch gar zu pathetische Sichtweisen. Die weniger pompösen wissenschaftlichen Auseinandersetzungen unterscheiden etwa zwischen biologischer, neuronaler und kognitiver bzw. zwischen semantischer, syntaktischer, funktionaler oder pragmatischer Information.[15] Am Ende bleibt dennoch alles Information.[16]

Ganz neu ist das Thema Information also nicht. Die Frage, was der Begriff bedeutet und welche Effekte seine Allgegenwart zeitigt, wurde an unterschiedlichen Stellen mit einiger Emphase diskutiert. Rafael Capurro folgte bereits vor einiger Zeit seinen Spuren zurück bis in die Antike.[17] John Durham Peters unternahm ebenfalls einen kurzen

13 Tom Stonier: *Information and the Internal Structure of the Universe*, London, Berlin: Springer, 1990.

14 Rachel Thomas: *It from bit?*, in: Plus Magazine 2015, www.plus.maths.org/content/it-bit (Zugriff am 30. September 2018).

15 Vgl. zur Übersicht Thomas Zoglauer: *Can Information be Naturalized?*, in: Klaus Kornwachs/Konstantin Jacoby (Hrsg.): Information. New Questions to a Multidisciplinary Concept, Berlin: Akademie Verlag, 1996, 187–208 und Lars Qvortrup: *The controversy over the concept of information. An overview and a selected and annotated bibliography*, in: Cybernetics & Human Knowing 1.4 (1993), 3–24.

16 Und die regiert, wie der Titel dieses Buchs verrät: Carl Shapiro/Hal R. Varian: *Information Rules. A Strategic Guide to the Network Economy*, Boston: Harvard Business School Press, 1999. Passend wird Information definiert als alles, »was digitalisiert – also als ein Strom von Bits codiert – werden kann«, ebd., 3.

17 Rafael Capurro: *Information. Ein Beitrag zur etymologischen und ideengeschichtlichen Begründung des Informationsbegriffs*, München u. a.: Saur, 1978, www.capurro.de/info (Zugriff am 30. September 2018).

Ausflug in alte Zeiten, um anschließend präzise und angemessen bissig die heilsversprechende Funktion des Begriffs im 20. Jahrhundert vorzuführen. Seit es schließlich so etwas wie Information Sciences gibt, tobt ein erbitterter Streit, was genau ihr Gegenstand ist und ob digitale Informationen nur syntaktisch (also funktional) sind oder ob sie auch semantisch (also aus sich heraus bedeutungstragend) sein können. Und dennoch gibt es einige gute Gründe, sich des Themas erneut anzunehmen.

1. Trotz vieler akademischer Debatten gilt Information zumeist als gesetzt, nützlich und selbstverständlich. Die Diskussionen um ihren Sinn sind jedoch eher unbekannt, weil akademisch und mitunter unverständlich. Mithin erscheint es, als sei Information etwas ganz und gar Natürliches, das die Menschheit leider erst im 20. Jahrhundert entdeckt hat. Gegen diese teils explizite, teils implizite Deutung muss einmal mehr die »Unerbittlichkeit der Historizität« gestellt werden,[18] die auch um einen so allgemeingültigen Begriff wie Information keinen Bogen macht.

2. Die Virulenz des Themas nimmt mit Big Data und der symbolisch und mit Mikrochips mittlerweile auch praktisch unter die Haut gewanderten Digitalisierung noch zu. Die Diskussionen zu Algorithmen, Datenmassen und Virtualisierung haben mittlerweile das Spielfeld des Politischen erreicht, häufig jedoch ohne das wohl wichtigste Element zu beleuchten. Es ist etwa so, als würden alle über Fußball reden, aber niemand achtet auf den Ball. Oder Information wird unkritisch vorausgesetzt, was auf das Gleiche hinausläuft. Die bereits erwähnte Mercedes Bunz erspart sich dankenswerterweise jeden

18 Ulrich Brieler: *Die Unerbittlichkeit der Historizität. Foucault als Historiker*, Köln, Weimar, Wien: Böhlau, 1998.

Alarmismus und jede Feier der Technik. Allerdings schluckt sie die Pille Information ohne zu zögern und lässt sich so mehr oder weniger unabsichtlich darauf ein, Mensch und Maschine, Denken und Algorithmen mit einem allgemeinen Maß gleichzusetzen.

3. Die politische Dimension eines Informationsdiskurses ist noch nicht ausgelotet. Zwar ist die Angst vor Maschinen und ihren Potentialen bereits vielfach künstlerisch und theoretisch eingefangen worden. Zumeist aber wird das Streitfeld vom Nutzen der künstlichen Intelligenz auf der einen Seite und von Totalüberwachung auf der anderen begrenzt. Entweder regiert ein Technikoptimismus, in dem die Gegenwartskultur als Vorstufe zu einer viel besseren Welt erscheint. Oder die Prognosen kippen ins Dystopische, weil mit der Technik die Freiheit des Menschen verlorengehen wird. In dieser Lesart ist die Büchse der Pandora bereits offen: Die Kraft der neuen Technik lässt sich nicht mehr zurückrufen. Manuel Castells' »Netzwerkgesellschaft« bzw. sein »Informationalismus« bringt die Debatte auf den Begriff und schält deutlich die sozialen und wirtschaftlichen Verschiebungen der nachindustriellen Zeit heraus.[19] Mir scheint allerdings, als liege das eigentliche Problem im Phantasma, dass mit dem Konzept Information eine alles durchdringende immaterielle Substanz entdeckt wurde, die allenthalben Vergleichbarkeit und Berechenbarkeit ermöglicht. Damit wird prinzipiell alles zum Gegenstand mathematischer Modellierung und Vorausberechnung – von intimen Beziehungen und Selbstverhältnissen bis zum globalen politischen und wirtschaftlichen System. Die Vorstellung, dass nur genug Informationen »vorhanden« sein müssen, um das Kommende präzise abzuschätzen, tilgt nicht nur den individuellen Spaß an der Überraschung,

19 Vgl. Manuel Castells: *Das Informationszeitalter. Wirtschaft, Gesellschaft. Kultur*, 3 Bde., Opladen: Leske & Budrich, 2001.

dem Neuen und Unbekannten. Die informationstheoretische Decodierung der Welt hebt auch das Ereignis in seiner politischen und philosophischen Dimension aus den Angeln. Seit dem von Francis Fukuyama ausgerufenen »Ende der Geschichte«[20] lässt das Staunen darüber nicht nach, wie eine turbokapitalistische Welt immer weiter an jenem Ast sägt, auf dem sie sitzt, und sich nicht mit dem Argument aus der Verantwortung ziehen kann, sie habe von nichts gewusst. Vielleicht, so eine großspurige These, wird dieses Paradox oder diese Absurdität von der Illusion getragen, dass die freie Zirkulation von Informationen die Angelegenheit schon richten wird. Im gleichen Moment zeigen die politischen Entwicklungen der letzten Jahre, wie sehr das sich der Prognose entziehende Ereignis für Unruhe sorgt, weil die informationstheoretisch gesättigte Verwaltung, die sich Politik nennt, darauf nicht reagieren kann.[21] Die voranschreitende Entdemokratisierung ist ein Symptom dessen, weil Demokratie immer ereignishaft, unstet und »im Kommen« bleibt, wie Jacques Derrida sagen würde.[22]

4. Dieser »Rechnermessianismus«[23] – also der Glaube, dass die Entdeckung der Information die Lösung schlechthin bedeutet – ruft zugleich eine Kultur ins Leben, die mit der historischen Zeit gebrochen hat und ihr Funktionieren einer Systemzeit unterwirft. Während Wissen noch überdauern konnte, also latenzfähig war, spielen Informationen nur im Moment ihrer gewissermaßen zeitlosen Prozessierung eine Rolle. Nur im sprichwörtlichen Augenblick der Verrechnung

20 Vgl. Francis Fukuyama: *Das Ende der Geschichte. Wo stehen wir?*, München: Kindler, 1992.

21 Ereignis als Moment der Unterbrechung, vgl. etwa Jacques Derrida: *Eine gewisse unmögliche Möglichkeit, vom Ereignis zu sprechen*, Berlin: Merve, 2003.

22 Jacques Derrida: *Schurken. Zwei Essays über die Vernunft*, Frankfurt/Main: Suhrkamp, 2003.

23 Dietmar Dath: *Maschinenwinter. Wissen, Technik, Sozialismus. Eine Streitschrift*, Frankfurt/Main: Suhrkamp, 2008, 47.

ist ihre Existenz von Bedeutung. Wen interessieren die Nachrichten (oder Infos) von gestern? Die allseits beklagte Beschleunigung hat womöglich mehr damit zu tun, die lineare Zeit zu kappen und einer zirkulären Echtzeitprozessierung das Ruder zu überlassen. John Perry Barlow, früher Songtexter der Band *Grateful Dead* und später Apologet des Cyberspace, verdichtet diese Vision im Begriff »real-time performance«. »Ich glaube«, schreibt er, »das Konzept der real-time performance wird sich ausdehnen und den Großteil der Informationsökonomie einschließen, von der Seifenoper bis zur Aktienanalyse.«[24] Die Konturen dieser Verschiebung zeigen sich sehr deutlich am Mediengeschäft, das kaum noch Dauer und Latenz kennt und dessen Aktualisierungsintervalle mittlerweile die Nachricht von gerade eben schon zur vertilgten Information werden lässt. Wenn jedoch das Spektakel die Echtzeit erreicht, zersplittert jedes Sinnkonzept. Die Hatz um Aufmerksamkeit im digital prozessierenden Informationssystem nivelliert die Frage nach dem Zweck der Veranstaltung.

5. Der gegenwärtig fast weltweit zu beobachtende Rechtsdrift, die Rückkehr eines romantischen Nationalismus und rechtspopulistischer Demagogie, hat gleich doppelt mit einer informationstheoretischen Wissensordnung zu tun. Wenn einerseits alles in Informationen übersetzbar ist, verschwinden die Unterschiede zwischen belastbaren Erkenntnissen und bloßen Erzählungen. Was oft fälschlich der Postmoderne und ihren Autoren in die Schuhe geschoben wurde, ist in Wirklichkeit eher die Folge dieses insgeheim religiösen Glaubens an die Allgegenwart von Informationen: totale Beliebigkeit. Die Rede von »alternativen Fakten« bringt die Lage auf den Punkt. »Alternative Fakten« mögen zwar falsch sein, aber sie funktionieren

24 George Gilder u. a.: *Cyberspace and the American Dream: A Magna Carta for the Knowledge Age*, www.pff.org/issues-pubs/futureinsights/fi1.2magnacarta (Zugriff am 12. Januar 2018).

dennoch wie Informationen – sie werden prozessiert und zeitigen Effekte. In dieser Konstellation können überlieferte nationalistische Erzählungen genauso gedeihen wie Verschwörungen aller Art. Alles, was prozessiert werden kann, hat Relevanz, von Aktienkursen über Theorien zur flachen Erde oder zu Reptiloiden. Es muss nicht stimmen, nur effektvoll zirkulieren. Andererseits provoziert die Hektik der »unerträglichen Gleichzeitigkeit des Seins«,[25] die von der Logik der Systemzeit hervorgerufen wird, eine Sehnsucht nach Stabilität und Dauerhaftigkeit. Und die totale Verrechnung der Welt verleiht festen Glaubenssätzen als vermeintlichem Gegenpol eine gewisse Attraktivität. Ohne Zweifel gibt es viele Gründe für den reaktionären Sog. Und dennoch lohnt ein Blick in die Geschichte des Wissens, der die religiöse Kontur eines Digitalisierungsdiskurses offenbart und zumindest andeutet, welche wirren Nebeneffekte diese Ordnung des Wissens mitliefert.

Es soll also darum gehen, dem schwindelerregenden Streit der Informationstheorie und ihrer Formeln auszuweichen und anzudeuten, wie tief Information im Wissensbestand der Gegenwart versenkt ist – und gleichzeitig einen konkreten und greifbaren Sinn vermissen lässt. Information ist Substanz und Supplement, stofflich und unstofflich, bedeutsam und bedeutungslos, relational und objektiv, semantisch und syntaktisch; sie ist überall und nirgends, alles und nichts. Und dennoch – oder gerade deshalb – sortiert sie das Wissen der Gegenwart. Sie schwebt über allem ganz wie der Heilige Geist: überall und doch nirgends. Das Argument lässt sich noch verschärfen: Mit dem informationstheoretischen Wissen schwingt eine Sakralisierung der

25 Bernhard Pörksen: *Die Theorie der Filterblasen ist nicht länger haltbar – Wir leiden bereits unter dem Filter-Clash*, in: Neue Zürcher Zeitung 12. Juli 2018, www.nzz.ch/feuilleton/dietheorie-der-filterblasen-ist-nicht-laenger-haltbar-denn-wir-leiden-bereits-unter-dem-filterclash-ld.1402553 (Zugriff am 16. Juli 2018).

wirklichen Welt mit. »Das zentrale Ereignis des 20. Jahrhunderts ist der Sturz der Materie«, erklärt das Manifest des Cyberspace 1994[26] und übersieht den einfachen Umstand, dass auch Rechner stofflich sind. Wenn letztlich alles »nur« aus Informationen besteht, tilgt der Cyberspace Raum und Zeit, also alle Unterschiede. Er führt alles, so die implizite Phantasie des vielgestaltigen informationstheoretischen Denkens, »in der allumfassenden Intelligenz Gottes« zusammen, »eines Gottes freilich, der zur Gänze unsere Schöpfung ist«.[27]

Gerade in dieser Doppelrolle als profaner Sachverhalt und sakrale Erleuchtung stabilisiert die Idee Information den Glauben an *das System* im abstrakten Sinn. Gegenwärtig scheint schlechterdings alles in Systemen untergebracht oder eingebunden. Vom Immunsystem über unzählige soziale Systeme bis zum Ökosystem, dem Wirtschaftssystem und nicht zuletzt den IT-Systemen. Dabei ist relativ unklar, was das genau meint, außer dass Dinge irgendwie zusammenhängen. Systeme werden vorrangig als Informationszirkulation gedacht. Wirft die Überwachung genug Informationen ab, läuft die Kriminalitätsprävention rund; können die Börsenmakler genug in ihre Kalkulationen einspeisen, stabilisieren die Finanzmärkte die Weltwirtschaft; hat ein Bot genug Daten zur Hand, imitiert er einen Menschen perfekt. All das ist freilich ein Zauber, der an der Wirklichkeit scheitert. Eugenia Kuyda, die ihren verstorbenen Freund – wie erwähnt – digitalisieren wollte, erkennt, dass ihr Bot keine Persönlichkeit hat und eigentlich nur dazu da ist, zuzuhören;[28] die Kriminalitätsprävention hinkt ihren Ansprüchen hinterher, verdeckt den Umstand, dass Kriminalität ein labiles Konstrukt ist und schürt zugleich ein Klima der Unfreiheit; und dass die Finanzmärkte für Stabilität sorgen, ist

26 Gilder u. a.: *Cyberspace and the American Dream.*

27 Uwe Jochum: *Kritik der neuen Medien*, München: Wilhelm Fink, 2003, 49.

28 Beuth: *Wie ein Toter als Chatbot weiterlebt.*

allenfalls ein Treppenwitz. Die Logik ist so bizarr wie einfach: Wenn etwas schiefläuft, gab es nicht genug Informationen, um die Dinge richtig zu berechnen. Das unglaubliche Versagen der Verfassungsschutzbehörden mit Blick auf den NSU wurde fast schon renitent mit mangelnder Kommunikation und fehlender Vernetzung – also mit einem zu eingeschränkten Informationsfluss – begründet. Und die Lösung soll ausgerechnet eine Ausweitung ihrer Kompetenzen leisten. Systemfehler, so scheint es, resultieren chronisch aus einem Mangel an Information oder einer zu starken Latenz. Deshalb gilt Big Data auch als better data, was die Hoffnung nährt, die Dinge doch noch informationstheoretisch in den Griff zu bekommen.[29]

Im Windschatten von Information und Digitalisierung ist das Denken insgesamt auf einen »Zug ins Futur« aufgesprungen. »Es geht nicht mehr darum, die Mängel der existierenden Soft- und Hardware zu beheben, sondern darum, mit der neuesten Soft- und Hardware den Durchbruch zum absolut fehlerfreien Funktionieren zu schaffen.«[30] Dies bezieht sich freilich nicht nur auf Rechenmaschinen. Der politische Innovationszwang, überhaupt die Prominenz einer Innovationsrhetorik, verallgemeinert das Argument. Und gleichzeitig bekommt die Idee Nahrung, das Sein an sich sei vollständig in Nullen und Einsen zerlegbar. Mit einem flächendeckenden Informationsdenken »kommt eine Spirale in Gang, die sich endlos in die Zukunft schraubt und von der Hoffnung genährt wird, daß die nächste Umdrehung der Innovationsspirale die letzte sein werde, weil endlich alle Probleme ausgeräumt sind«.[31] Vielleicht liegt darin das

29 Zu Big Data u. a. Jan-Felix Schrape: *Big Data: Informatisierung der Gesellschaft 4.0*, in: Berliner Debatte Initial 27.4 (2016), 12–22; Gregor Ritschel/Thomas Müller: *Big Data als Theorieersatz?*, in: Berliner Debatte Initial 27.4 (2016), 4–12; Roberto Simanowski: *Data Love*, hrsg. v. Data Love, Berlin: Matthes & Seitz, 2014.

30 Jochum: *Kritik der neuen Medien*, 20.

31 Ebd.

weigentliche »Ende der Geschichte«, weil die erwähnte Spirale eine prozessierende Systemzeit an die Stelle ebenjener Geschichte stellt. Und vielleicht kommt man damit einer Erklärung näher, warum die Dinge einfach immer so weiterlaufen (etwa die Finanzmärkte), obwohl die systematischen Fehler bekannt sind. Das nächste Update oder eine weitere Ausdehnung ihrer Funktionen und ihrer Datenbasis werden es schon bewerkstelligen. Die historische Zeit ist einem Drang zum Update gewichen. Die Präsentationen der neuesten Modelle (»das beste iPhone aller Zeiten« in der »Church of Apple« zum Beispiel) wirken nicht zufällig wie Prozessionen. Göttliche Gadgets. Und dann ist die Ernüchterung groß, wenn Soft- und Hardware doch Fehler haben, wenn das informationstheoretische Himmelreich auch weiterhin auf sich warten lässt. Digitale Parusieverzögerung gewissermaßen. Evgeny Morozov, ein scharfer Kritiker digitaler Allmachtsphantasien, nennt sich und seinesgleichen nicht zufällig »Häretiker«.[32]

Selbst jene Stimmen, die sich kritisch mit der Digitalisierung auseinandersetzen, verdeutlichen zumeist unabsichtlich, wie tief das informationstheoretische Wissen eingesickert ist. Laut und reißerisch ist die Rede von einem neuen technischen »Totalitarismus« (Harald Welzer)[33] oder vom Ende des Menschen.[34] Die Freiheit des Subjekts sei – von innen gewissermaßen – bedroht, weil die Maschinen alles steuern, unter die Haut wandern und die Aufmerksamkeit restlos auf sich lenken. Wer solch dystopische Diagnosen wagt, hat allerdings selbst die informationstheoretische Ordnung des Wissens

32 Evgeny Morozov: *To Save Everything, Click Here. Technology, Solutionism and the Urge to Fix Problems That Don't Exist*, London: Penguin Books, 2013, xiii.

33 Vgl. Harald Welzer: *Die smarte Diktatur: Der Angriff auf unsere Freiheit*, Frankfurt/Main: S. Fischer, 2016.

34 Etwa www.spiegel.de/kultur/gesellschaft/digitalisierung-der-mensch-wirdabgeschafft-a-1188221 (Zugriff am 22. Mai 2018).

inhaliert. Nur wer den Menschen als informationstheoretisches Arrangement deutet, muss ernstlich fürchten, dass die neuen Maschinen seiner restlos habhaft werden. Wenn das Individuum tatsächlich nur prozessiert, wenn also denken und fühlen nur rechnen ist, dann wäre es möglich. Man sieht allerdings, dass utopische und dystopische Perspektiven, dass Hoffnung und Alarmismus in Bezug auf Computer, auf einem gemeinsamen Fundament des Wissens stehen, weil beide Szenarien die Reduktion des menschlichen Seins auf die algorithmische Verarbeitung von Informationen voraussetzen müssen. Wir dürfen also gelassen bleiben.

Das Ziel der folgenden Seiten ist nicht, eine bessere oder treffendere Definition des Informationsbegriffs vorzulegen oder überhaupt in den Streit um seine eigentliche Bedeutung einzugreifen. Seine Geschichte zu erzählen, heißt vielmehr, ihm den Mantel der Selbstverständlichkeit abzunehmen und seine Verstrickungen ins Politische herauszuarbeiten.[35] Dafür wird es nötig sein, einen Schlenker ins 19. Jahrhundert zu machen. Im Kontext der dreckigen und lauten Industrialisierung waren Energie, Energieumwandlung und Wärmekraft, kurz die Thermodynamik als physikalische Perspektive entstanden und hatten dabei geholfen, die neue Welt aus Dampf und Strom theoretisch einzuholen. Im Zuge dessen hatte auch die schwer verständliche, aber assoziativ ungemein wirksame Größe Entropie das Licht der Welt erblickt; sie war (oder ist) so etwas wie der Preis für Energieumwandlung und gleichzeitig ein Maß für Unordnung, das allerdings ohne Einheit auskommen muss. Eingebettet in den Zweiten Hauptsatz der Thermodynamik hing an ihr die gewissermaßen dystopische Vorstellung, dass Ordnung (welche auch immer) sehr

35 »Die digitale Technologie ist nicht nur ein Instrument, sondern eine Sichtweise, uns selbst und die Welt zu verstehen«, Rafael Capurro: *Homo Digitalis. Beiträge zur Ontologie, Anthropologie und Ethik der digitalen Technik*, Wiesbaden: Springer VS, 2017, VII.

selten und Unordnung grundsätzlich höchst wahrscheinlich sei. Was zunächst nur energetisch galt, erfuhr bald eine sozialpolitische und philosophische Ausweitung und nährte ein unausweichliches Verfallsszenario, das sich offenbar bereits in den verarmten Städten zeigte. Der Untergang der Titanic und zwei verheerende Weltkriege schienen diese Überblendung von physikalischen Erkenntnissen und dem allgemeinen Gang der Dinge zu bestätigen. Entropie war zum geflügelten Wort mutiert und fundierte einen katastrophischen Blick nach vorn.

Die Erfindung der Information als binäres Ding, als Unterscheidung von Null und Eins schließlich, die unmittelbar an Entropie geknüpft war, wird wissensgeschichtlich deren Platz einnehmen und im Modus digitaler Verrechnung die thermodynamische Ausweglosigkeit umschiffen. Seither mäandriert der Begriff durch das Wissen der Zeit. Seine Prominenz erklärt sich nicht zuletzt aus dem Umstand, dass an Information als »Anti-Entropie« ein ganzes weltgeschichtliches Szenario hing. Unlauter zugespitzt: Kältetod versus Information (oder Digitalisierung). Der Begriff wird als Nomos der Gegenwart verhandelt, sodass wir heute trotz einiger Unklarheiten wie selbstverständlich von Informationsgesellschaft sprechen. Auf eine etwas andere oder unübliche Weise ist dies durchaus richtig: Information ist das »epistemische Ding« im Zentrum des Wissens, der Heilige Geist, der überall anwesend und zugleich unerklärlich ist.

1. DIE ERFINDUNG DER INFORMATION AUS DEM GEIST DER ENTROPIE

Ende der 1940er Jahre: Turings theoretische Maschine, das auf Papier gezeichnete und bis heute gültige Grundprinzip des Computers, hatte bereits für die ersten Rechner Modell gestanden. Er selbst hatte wertvolle Dienste geleistet und entscheidend dazu beigetragen, deutsche Funksprüche mit der Turing-Bomb zu entschlüsseln. Die Idee hochkompetenter Rechenmaschinen, die komplexe Aufgaben übernehmen könnten (und vielleicht demnächst selbst denken lernen würden), ist virulent und beschäftigt viele Mathematiker und Ingenieure. Im Kulturgut und im allgemeinen Bewusstsein ist zwar das Potential der Computer und deren kommender Einfluss allenfalls grob absehbar oder gehört noch in ein futuristisches Genre. Aus Wissenschaftskreisen und Forschungslabors wie AT&T Bell Laboratories dringen jedoch stetig neue Erfindungen und wissenschaftliche Erkenntnisse an die Öffentlichkeit. Das Zeitalter des Computers macht sich mit Siebenmeilenstiefeln auf den Weg.

Bei AT&T sitzt auch der Mathematiker Claude Shannon und schraubt an einer Modellierung von Kommunikation. 1948, kurz nachdem in denselben Labors der Transistor – ein bis heute wichtiges Bauteil von Computern – entwickelt wurde, veröffentlicht der erst 32-Jährige einen recht kurzen Text mit dem Titel *A Mathematical*

Theory of Communication.[36] Die deutsche Übersetzung, die erst 1976 erscheint, trägt interessanterweise den Titel *Mathematische Grundlagen der Informationstheorie*. Aus einer Theorie werden Grundlagen, und aus Kommunikation wird Informationstheorie. Shannons Ausführungen werden, zusammen mit den erklärenden Bemerkungen seines Kollegen Warren Weaver, für einigen Wirbel sorgen; nicht zuletzt weil hier erstmals die selbst für Computerlaien mehr oder weniger geläufige Einheit eines Bit für »binary digit« schriftlich aufgerufen wird. Der mit Formeln gespickte Text gilt bis heute als »äußerst wirkmächtig«[37] und als Startschuss für die Informationstheorie – auch weil der Begriff Information verhandelt und definiert wird: Information ist, ummantelt Weaver komplexe Formeln mit einfachen Aussagen, »ein Maß für die Freiheit der Wahl, wenn jemand eine Nachricht auswählt«.[38] Mit dieser genau besehen recht eigenwilligen und vom heutigen Alltagsgebrauch losgelösten Bestimmung macht sich ein Konzept auf die Reise, das nicht viel später das moderne oder postmoderne Wissen bis in alle Fasern durchdrungen haben wird. Shannons Ausführungen sind »in erster Linie verantwortlich für die Revolutionierung [der] Art und Weise, in der Wissenschaftler und Techniker in unserer Zeit das Wort *Information* gebrauchen«.[39]

Es bleibt letztlich spekulativ, wie gründlich Shannon nachgedacht hat, bevor er gerade diesen Begriff in den Ring wirft. Er ist

36 Claude E. Shannon/Warren Weaver: *The Mathematical Theory of Communication*, Urbana: University of Illinois Press, 1949.

37 Albert Kümmel: *Mathematische Medientheorie*, in: Daniela Kloock/Angela Spahr (Hrsg.): Medientheorie. Eine Einführung, München: UTB, 1997, 205–236.

38 »That is, information is a measure of one's freedom of choice when one selects a message«, Warren Weaver: *Recent Contributions to the Mathematical Theory of Communication*, in: Shannon/Weaver: The Mathematical Theory of Communication, 100.

39 Theodore Roszak: *Der Verlust des Denkens. Über die Mythen des Computer-Zeitalters*, München: Droemer Knaur, 1986, 27.

im Rahmen angewandter Forschung unterwegs und darum bemüht, praxisnahe Lösungen für Kommunikationsprozesse auf Distanz zu entwickeln. Von heute besehen erscheint es nur zu logisch, endlich von Informationen zu reden, schließlich hat das Wort seither eine unvergleichliche Karriere hingelegt.[40] Es wirkt umgekehrt fast undenkbar, dass es tatsächlich einmal Zeiten gab, die im Wesentlichen ohne Informationen auskamen. Ein solches Argument würde allerdings die Einsicht vernebeln, dass Begriffe nicht einfach Dinge bezeichnen, die vermeintlich immer schon da waren und der Sprache vorausgehen. Ohne Shannons Kompetenz in irgendeiner Form anzweifeln zu wollen (geschweige denn es überhaupt zu können), hat er eben nicht etwas ausgegraben, das unter der Unkenntnis älterer Jahrgänge verborgen lag. Besonders ein so schillerndes Wort wie Information mitsamt den endlosen und widersprüchlichen Debatten um seine Bedeutung hebt die Kraft der Sprache hervor, ebenjene Bedeutung erst zu generieren. Das Wort mutiert seit Ende der 1940er Jahre, wenn man so will, zum herrlichen Beleg für theoretische Entwürfe, die unter der Flagge des linguistic turn segeln. Was einst eher selten im Sinne von »Tatsache« oder »Gepräge« genutzt wurde, wird zum Schlüsselbegriff einer ganzen Epoche aufsteigen. Das schafft der Begriff gerade nicht, weil er präzise auf umfassende Veränderungen verweist, sondern weil er ein leerer Signifikant ist, an den sich alle möglichen utopischen und mythologischen Hoffnungen heften werden – ohne an einer halbwegs klaren Bedeutung abzuperlen.

40 Shannon selbst ist skeptisch, weil ihm bereits früh klar ist, dass seine Verwendung des Begriffs ziemlich ungewöhnlich ist: »Ich glaube«, gibt er zu bedenken, »daß das Wort ›Information‹ vielleicht mehr Schwierigkeiten bereitet […] als es wert ist, aber es ist schwierig, ein anderes Wort zu finden, das auch nur annähernd zufriedenstellend ist. Man muß stets im Kopf behalten, daß [Information] nur ein Maß ist, das die Schwierigkeiten bei der Übermittlung einer Sequenz beschreibt, die irgendeine Informationsquelle produziert«, zitiert in Shannon / Weaver: *The Mathematical Theory of Communication*, 28.

Nicht zufällig umschreibt Fritz Malchup Information als »Wald- und Wiesen-Wort«.[41]

Die Selbstbezüglichkeit des Begriffs, die sich sinnbildlich in der erwähnten Schriftenreihe *Information about information* verdichtet, zeigt an, wie offenkundig Information zum reinen Sein und als »privilegiertes Signifikat« ein ganzes Wissenssystem stabilisieren wird. Weil letztlich alles als Information decodiert werden kann, tilgt das Wort jede Differenz und besetzt das leere Zentrum eines ganzen Bezeichnungssystems. »Wenn wir«, schreibt Ernesto Laclau in Bezug auf leere Signifikanten, »die Grenzen der Bezeichnung bezeichnen wollen – das Reale im Sinne Lacans, wenn man so will –, steht uns dafür kein direkter Weg offen. Die einzige Möglichkeit besteht in der Subversion des Bezeichnungsprozesses selbst.«[42] Genau diese Subversion erledigt der Begriff, weil er scheinbar ohne logische oder praktische Differenz auskommt. Information wird zum »epistemischen Ding«,[43] das zwar als Diskurseffekt existiert, aber eine restlos unklare Beziehung zu den Gegenständen unterhält, die es bezeichnen soll.

Shannon, der tatsächlich nur und eher zufällig den Startschuss für diese Entwicklungen liefert, nennt also eine spezifische Situation freier Wahl »Information«. Das Wort ist vom lateinischen *informatio* oder *informare* abgeleitet. Allerdings hängt Shannon es an eine völlig neue Stelle im Netz der Signifikanten. Information als situativen, also zeitlich begrenzten Moment freier Wahl zu verstehen, verschiebt seine Konturen deutlich.

In der symbolischen wie praktischen Mitte von Information steht Form (lateinisch *forma*), was viele feinsinnig unterschiedene

41 Fritz Machlup: *The Study of Information: Interdisciplinary Messages*, hrsg. v. Una Mansfield, New York: John Wiley & Sons Inc, 1983/1962, 653 (eigene Übersetzung).

42 Laclau: *Emanzipation und Differenz*, 69.

43 Hans-Jörg Rheinberger: *Experimentalsysteme und epistemische Dinge: Eine Geschichte der Proteinsynthese im Reagenzglas*, Frankfurt/Main: Suhrkamp, 2006.

Entsprechungen kennt, die teils aus dem Griechischen stammen, etwa *eidos*, *idea*, *typus* oder *morphe*. Mit diesen ausfransenden Übersetzungen verstrickt sich der Informationsbegriff gleichzeitig in unzählige philosophische Debatten. Er ist also übersät von sprachgeschichtlichen Spuren, die Capurro bereits einzeln aufgefädelt und miteinander in Beziehung gesetzt hat.[44] Was dem Informationsbegriff allerdings bis in die Labors von AT&T Bell fehlt und was auch erst nach Shannons Auftakt (und gegen seine Intention) im Begriff abgelegt wird, ist irgendeine Art von Nachricht, die von einem Ort an den anderen, also vom Sender zum Empfänger transportiert wird. Stark vereinfacht: Informieren ist sprachgeschichtlich überwiegend so etwas wie prägen oder gestalten – entweder materiell etwa im Fall einer Münze oder immateriell im Kontext von Bildung.[45] Ein Lehrer etwa brachte einen Schüler »in Form«, was soviel hieß wie: Er bildete ihn intellektuell und sittlich.

Seit dem 15. Jahrhundert kursiert im Englischen und Französischen das Wort zwar auch im Sinne von sich erkundigen oder jemanden in Kenntnis setzen. Im 16. Jahrhundert etwa reiht sich Information in eine Wissensordnung ein, in der jedes banale Objekt der Welt eine je eigene Kombination von Materie und Form ist. Wenn ein Objekt entsteht, fügt sich bereits bestehende Materie in eine bestimmte Form, sie wird »informiert«.[46] Im Deutschen dagegen findet es bis ins 19. Jahrhundert keine alltagssprachliche Verwendung.[47] Später verbreitet es sich vorrangig als Akt, als Tätigkeit. Das Nomen als Umschrift für Tatsache, Nachricht oder Botschaft sickert zwar auch langsam – zunächst in juristischen Texten – ein, spielt aber keine

44 Capurro: *Information*.

45 Ebd., 50.

46 John Durham Peters: *Information: Notes Toward a Critical History*, in: Journal of communication inquiry 12 (1988), 9–23, hier 11.

47 Capurro: *Information*, 146f.

herausgehobene Rolle. Seither kursiert der Informationsbegriff auch in modernen Sprachen, ist jedoch – bis Shannon – immer eng an Vorstellungen von Ordnung und Struktur gebunden. Mit einer gewissen Persistenz zirkuliert das Wort und umschreibt die Modellierung von Materie oder die Gestaltung und Prägung von Oberflächen. Die Vorstellungswelt, Information auf ein binäres Maß, auf Null oder Eins und deren aufgereihte Variationen zu reduzieren, fehlt ganz. Theodore Roszak, Jahrgang 1933 und Schöpfer des Wortes »counterculture«, hebt den veritablen Bedeutungsunterschied hervor, der noch in den 1930er Jahren offenkundig war:

> In den Jahren meiner Kindheit, kurz vor Ausbruch des Zweiten Weltkrieges, war Information kein aufregendes Thema. Als intellektuelle Kategorie besaß der Begriff einen bescheidenen und nebensächlichen Status. Nur wenige Menschen hätten in ihr den Gegenstand einer »Theorie« oder einer »Wissenschaft« erblickt. Sie war noch mit keiner fortgeschrittenen Technologie verbunden, die ihr Glanz und zugleich einen besonderen ökonomischen Wert verlieh. Im angloamerikanischen Sprachraum gebrauchte man das Wort wohl am häufigsten in der Bitte »Information please«, mit der man damals beim Fräulein vom Amt die gewünschte Telefonnummer verlangen mußte, weil man noch nicht direkt die Auskunft anrufen konnte.[48]

Die alten Bedeutungselemente und im Begriff enthaltenen Spuren werden an der immer noch üblichen Formulierung sichtbar, etwas in Form zu bringen. Wer für einen Marathon trainiert, bearbeitet seine Gestalt und bringt sich in Form. Ein solcher Prozess lässt sich freilich

48 Roszak: *Der Verlust des Denkens*, 16. Walter Benjamin, nicht selten seiner Zeit voraus, beschreibt bereits 1937 in einer außergewöhnlichen Bezugnahme auf den Begriff »Information« den erst später tatsächlich zur vollen Entfaltung kommenden Aktualitätszwang. »Wenn die Kunst des Erzählens selten geworden ist, so hat die Verbreitung der Information einen entscheidenden Anteil an diesem Sachverhalt. [Sie] hat ihren Lohn mit dem Augenblick dahin, in dem sie neu war«, Walter Benjamin: *Der Erzähler. Betrachtungen zum Werk Michail Lesskows*, in: Alexander Honold (Hrsg.): Erzählen. Schriften zur Theorie der Narration und zur literarischen Prosa, Frankfurt/Main: Suhrkamp, 2007, 103–129, 109f.

nicht auf Materielles begrenzen. Wie immer auf dem Feld der Sprache spielen Metaphern miteinander und generieren instabile, prinzipiell wandelbare und immer schon verschobene (also metaphorische) Bedeutungen.[49] Das In-Form-Bringen kann also auch einen intellektuellen Prozess beschreiben, ein *informatio sensus*, eine Information der Sinne oder der Wahrnehmung. An diesem Punkt streift der Begriff ganz vorsichtig eine der vielen zeitgenössischen Bedeutungen: Sich zu informieren heißt, Wissen zu akkumulieren.

Mit Shannon macht sich also ein ganz anderer Begriff von Information auf den Weg, dem es – und das ist entscheidend – auf bizarre Weise gelingt, qualitative Merkmale hinter sich zu lassen. Wenn gegenwärtig von Informationen, Informationsgesellschaft und -theorie die Rede ist, markiert Shannon einen Bruch, eine grundsätzliche Verschiebung, die ein neues Denken oder eine neue »Ordnung der Dinge«[50] provoziert und die überlieferten Begriffskonturen deutlich verändert. Shannon platziert zwar ein Wort lateinischer Herkunft, definiert es allerdings losgelöst von dessen Überlieferung und – viel wichtiger – bringt es mit dem heftig umstrittenen Konzept »Entropie« in Verbindung.

49 Zur prekären Grenze zwischen Metapher und Nicht-Metapher siehe vor allem Susanne Lüdemann: *Metaphern der Gesellschaft. Studien zum soziologischen und politischen Imaginären*, München: Wilhelm Fink, 2004. Michael Buchholz fasst das Problem sehr schön zusammen: »Wer auch immer denkt, [...] denkt über etwas nach, *schiebt* andere Gedanken *beiseite*, gibt seinen Ideen eine *Form* oder hängt sie an einem *Punkt auf* [...]. Selbst in den *harten* Wissenschaften spricht man mit Bildgebungen aus körperlicher und sinnlicher Erfahrung von den *Schenkeln* eines Dreiecks oder vom Zell*kern* [...]. [D]ie Alternative zur Metapher [ist] nicht der akademisch gereinigte Begriff, sondern die alternative Metapher«, Michael Buchholz: *Vorwort*, in: George Lakoff/Mark Johnson: Leben in Metaphern. Konstruktion und Gebrauch von Sprachbildern, Heidelberg: Carl-Auer, 1998, 7f. Siehe auch Jacques Derrida: *Grammatologie*, Frankfurt/Main: Suhrkamp, 2013/1967.

50 Michel Foucault: *Die Ordnung der Dinge. Eine Archäologie der Humanwissenschaften*, Frankfurt/Main: Suhrkamp, 1974.

Information wächst in der zweiten Hälfte des 20. Jahrhunderts zum zentralen Theorem, von dem man sich weit mehr erhofft, als dass nur Kommunikation über weite Strecken einfacher werden dürfte. An ihn heftet sich die quasi metaphysische Phantasie, das allen Dingen und Prozessen innewohnende Funktionsprinzip ausgebuddelt zu haben. Und mit dessen Hilfe erscheint es machbar, den Dingen auf den Grund zu gehen und Ordnung – was immer das heißen mag – herzustellen. Universelle Steuerung und Kontrolle schimmert am Horizont. Um diese Verbindung von Naturwissenschaft, Technik und Denken, die nicht zuletzt Gesellschaftsvorstellungen in Bahnen lenkt, nachzeichnen und verständlich machen zu können, braucht es eine kleine Schleife ins 19. Jahrhundert. Dort wird im Fahrwasser der Thermodynamik etwas angestoßen, das im Gewand der Information und des Informationszeitalters bis heute wirkt: Die Überblendung von mathematischen und physikalischen Theorien mit gesellschaftlichen und damit grundsätzlichen Ordnungsvorstellungen. Oberflächlich zielt die Rede von der Informationsgesellschaft vielleicht auf Internet und Handy, auf digitale Netzwerke, die Ablösung der Arbeit von einem Ort und, allgemeiner, auf die Netzwerkgesellschaft.[51] Viel griffiger scheint mir jedoch die Überlegung, dass Information als (leerer) Fixpunkt einer Ordnung des Wissens fungiert. Nicht zufällig ist zweimal von Revolution die Rede, damals von der industriellen und diesmal von der digitalen. Ich will zeigen, dass der zeitgenössische Begriff Information unmittelbar aus dem für das 19. Jahrhundert zentralen Entropieproblem hervorgehen wird.

51 Vgl. Castells: *Das Informationszeitalter.*

»Die Entropie der Welt strebt einem Maximum zu«

Mercedes Bunz hat bereits auf einige Parallelen hingewiesen zwischen der lauten und dreckigen Industriellen Revolution und jener vergleichsweise stillen Version, die mit den Rechenmaschinen über uns kam. Jeweils habe sich das soziale Gefüge grundlegend geändert, jeweils sei man den technischen Neuerungen mit einiger Skepsis begegnet und musste erst einen Umgang finden. Zu ergänzen wäre allerdings, dass mit den einschneidenden Veränderungen technischer – und damit zugleich wirtschaftlicher und sozialer – Art auch die Wissensbestände und die Vorstellung von Mensch, Welt und Universum in Turbulenzen gerieten. Wenn im Kern eine einzige Erfindung, die Dampfmaschine, ein ganzes Gesellschaftsgefüge zerlegen und neu zusammensetzen kann, muss in jener Maschine etwas dem Prinzip nach substantiell Neues oder Anderes vor sich gehen. Ganz ähnlich stehen die Dinge Mitte des 20. Jahrhunderts in Bezug auf Rechenmaschinen.

Die Dampfmaschine ist also aus verschiedenen Perspektiven eine zentrale Installation; und der Vergleich zum Computer liegt nahe. Dass sich mit den digitalen Geräten das soziale, politische und ökonomische Leben an allen Ecken und Enden verändert hat, lässt sich schwerlich bestreiten. Ganz ähnlich wie die Wärmekraftmaschine, die zwar schon eine längere Geschichte hat, aber von James Watt Ende des 18. Jahrhunderts so entscheidend verbessert wurde, dass mit ihr die Produktionsverhältnisse gravierend umgebaut werden konnten. Der Rest ist hinlänglich bekannt: Dieses wundersame Gerät eröffnet völlig neue Möglichkeiten und stampft buchstäblich Fabriken aus dem Boden. Mit ihnen halten massive Umweltverschmutzung und Verarmung Einzug; die Massenproduktion konzentriert sich auf urbane Zentren, die zu sozialen Brennpunkten werden und eine proletarische Masse versammeln. All das sind sichtbare Veränderungen, die ein neues Zeitalter heraufbeschwören.[52]

Schwer beeindruckt von der unbändigen Kraft der neuen Maschinen beginnen auch Physiker und Mathematiker, ihren theoretischen Bestand zu durchkämmen. Ohne Zweifel sind die Einflüsse vielfältiger. Das Dickicht des Wissens ist kaum in klaren Linien abzubilden, und die direkte Verbindung von Dampfmaschine, Physik und Weltdeutung ist eine unlautere Zuspitzung. Dennoch verdichtet sich in den Geräten, die Wärme- in Bewegungsenergie umwandelnden, etwas, das mit dem Begriff Entropie – und später mit seinem Gegenüber Information – eine Art Morphologie des Weltgeschehens abliefert.

In den ersten Dekaden des 19. Jahrhunderts funktionieren die Maschinen zwar bereits vergleichsweise gut und erlauben mit zunehmender Geschwindigkeit fulminante Neuerungen. Theoretisch und mathematisch bleiben die Vorgänge, die aus Wärme Bewegung erzeugen, jedoch unterbestimmt. Der junge französische Physiker Nicolas Léonard Sadi Carnot ist es schließlich, der 1824 einen knappen Text veröffentlicht, in dem er ein Modell entwirft, den Carnot-Prozess. »Das Phänomen der Erzeugung von Bewegung durch Wärme«, schreibt er, »ist nicht unter einem hinlänglich allgemeinen Gesichtspunkt betrachtet worden. Man hat es nur an Maschinen untersucht, deren Wirkungsweise ihm nicht die ganze Entwicklung gestattet hat, deren es fähig ist. An derartigen Maschinen zeigt sich das Phänomen sozusagen verstümmelt und unvollständig, so dass es schwierig wird, seine Grundlagen zu erkennen und seine Gesetze zu studieren.«[53]

52 Schuld sind daran freilich nicht die Maschinen, wie Bunz treffend bemerkt. Es geht um ihre Nutzung, und die provoziert im Rahmen eines entgrenzten Kapitalismus entsprechende soziale Schieflagen, vgl. Bunz: *Die stille Revolution*.

53 Nicolas Léonard Sadi Carnot: *Betrachtungen über die bewegende kraft des feuers und die zur entwickelung dieser kraft geeigneten maschinen*, Leipzig: Verlag von Wilhelm Engelmann, 1892/1824, 6.

Der Wirklichkeit der Dampfmaschinen folgt eine erste Theorie: die Geburt der Thermodynamik.

Carnots Theorie bezieht sich also ganz unvermittelt auf die Existenz der Dampfmaschinen. Seinem Text fehlt zwar noch die kulturpessimistische oder philosophische Aufladung, allerdings formuliert er bereits ein Problem, das erst die Informationstheorie gelöst oder überwunden zu haben glaubt: Die »Dampfmaschine« arbeitet mit der »Wiederherstellung des Gleichgewichts des Wärmestoffs«.[54] Was bedeutet, dass Energie (eine zu Carnots Zeiten noch junge und umstrittene Kategorie) nicht einfach erschaffen, sondern nur umgewandelt wird (der Erste Hauptsatz). Dabei bleibt immer ein gewisser großer Rest, der nicht weiterverarbeitet werden kann. Ganz allgemein heißt das bereits, dass der Weg irgendwann zu Ende sein muss, dass irgendwann nur noch nicht nutzbarer Rest übrig bleiben wird. In der Anlage ist hier ein entropischer Gedanke enthalten, der später als physikalische Begründung einer stetig zunehmenden und nicht aufzuhaltenden Unordnung übersetzt wird. Die Informationstheorie wird diesen Prozess später zu umgehen, wenn nicht gar zu lösen versuchen.

Knapp drei Jahrzehnte später forscht William Thomson (alias Lord Kelvin[55]) am gleichen Gegenstand.[56] In Glasgow, wo Thomson theoretische Physik lehrt, haben die Fabriken das Zepter übernommen. Die Zuwanderung verarmter Arbeiter nimmt beständig zu, die soziale Lage ist bedrohlich. Vor diesem düsteren Gemälde einer dreckigen und elenden Stadt formuliert Thomson den Zweiten Hauptsatz der Thermodynamik. Thomson stellt die entscheidende Frage:

54 Ebd., 10.

55 Jener Kelvin, auf den das gleichnamige Maß für Temperatur zurückzuführen ist.

56 Vgl. William Thomson: *On the Dynamical Theory of Heat, with numerical results deduced from Mr Joule's equivalent of a Thermal Unit, and M. Regnault's Observations on Steam*, in: The London, Edinburgh and Dublin Philosophical Magazine and Journal of Sciences 4 (Juli 1852), 12–20.

Produziert die maschinelle Arbeit immer und zugleich auch energetischen Abfall? 1851 liefert er die finale Antwort: Ja, immer bleibt ein Rest, der bei der Umwandlung von Energie verlorengeht, der quasi im Nichts verschwindet.

Gleichzeitig forscht der Physiker Rudolf Clausius zur Thermodynamik. Nach einigen Untersuchungen gibt er seinen Beobachtungen, die jenen von Thomson mindestens verwandt sind, einen Namen und formuliert, dass »die Entropie der Welt [...] auf ein Maximum« zustrebe.[57] Clausius erweiterte damit die Wärmelehre um ein folgenreiches Argument und adressiert gleichzeitig einen Weltmaßstab. Während der Erste Hauptsatz der Thermodynamik besagt, dass Energie nicht erschaffen oder verbraucht, sondern nur umgewandelt wird, dass also die Energie in einem geschlossenen System immer gleich ist, fokussiert der Zweite die bereits bei Carnot der Sache nach angelegten Nebeneffekte der Energieumwandlung. Jeder thermodynamische Prozess eines geschlossenen Systems, in dem Wärmeenergie in Arbeit übersetzt wird, hinterlässt eine negative Bilanz. Es wird mehr Wärme »aufgebraucht«, als in Arbeit übersetzt werden kann. Die Entropie eines Systems, also das Maß seiner Unordnung, nimmt, »im Verhältnis zur Abnahme der verfügbaren Energie« zu. Kurz: Es gibt kein Perpetuum mobile. »Die grundlegende mathematische Formel für diesen Vorgang wird üblicherweise als $dS = \delta Q/T$ geschrieben, wobei dS die Zunahme der Entropie, δQ den Zuwachs der von einem warmen zu einem kalten Körper transportierten Wärme und T die Temperatur derselben bezeichnet. Und diese Formel besagt: Wenn ein kälterer Körper die Wärmemenge Q von einem wärmeren Körper mit der Temperatur T absorbiert, dann wird die Menge an Entropie $S = Q/T$ von ersterem gewonnen und

57 Rudolf Clausius: *Über verschiedene für die Anwendung bequeme Formen der Hauptgleichungen der mechanischen Wärmetheorie*, in: Annalen der Physik und Chemie 125 (1865), 400.

von letzterem verloren.«[58] Entscheidend dabei ist aber die »Tatsache, dass weil $S=Q/T$ zunimmt, wenn T abnimmt, der kältere Körper mehr Entropie gewinnt als der wärmere verliert«.[59] Wenn man etwa Eiswürfel in ein Getränk gibt, verändern sich diese mit der Zeit. Die geordnete Eiskristallstruktur geht in eine ungeordnete Bewegung der Wassermoleküle über, Entropie und Energie werden vom Getränk auf die Wassermoleküle der Eiswürfel übertragen. »Da es aber eine kleine unvermeidliche Temperaturangleichung der Teilsysteme von Eis und Getränk gibt, erhöht sich die Entropie des geschmolzenen Wassers stärker als [es] der Abnahme der Entropie des Getränks entspricht: Die Einstellung des thermodynamischen Gleichgewichts erzeugt vormals nicht vorhandene Entropie.«[60] Daraus folgt schließlich, dass in jedem geschlossenen System, das sich nicht bereits im Gleichgewicht befindet, die Entropie wächst. Jedes geschlossene System strebt demnach über kurz oder lang auf einen Zustand maximaler Unordnung zu. Das heißt zugleich, dass Gleichgewicht und Unordnung identisch werden. Was für zwei Behälter gilt, greift – so die prinzipielle Logik – auch universell. Perspektivisch läuft alles auf einen Zustand maximaler Unordnung hinaus.

Hermann von Helmholtz beschreibt in einer Vorlesung von 1854 und damit schon vor Clausius den Wärmetod, also die maximale Skalierung des Entropie-Gesetzes und argumentiert:

> [W]enn das Weltall ungestört dem Ablaufe seiner physikalischen Processe überlassen wird, wird endlich aller Kraftvorrath in Wärme übergehen und alle Wärme in das Gleichgewicht der Temperatur kommen. Dann ist jede Möglichkeit erschöpft,

58 Das »d« in der Formel $dS = \delta Q/T$ bedeutet »Veränderung von«.

59 Peter Freese: *Vom apokalyptischen zum entropischen Ende. Thermodynamik, Informatik und Literatur*, Paderborn: Paderborner Universitätsreden (100), 2006, 14f.

60 Eintrag zu Entropie bei Wikipedia, www.de.wikipedia.org/wiki/Entropie (Zugriff am 11. September 2013).

> dann muss vollständiger Stillstand aller Naturprocesse von jeder nur möglichen Art eintreten. Auch das Leben der Pflanzen, Menschen und Thiere kann natürlich nicht weiter bestehen, wenn die Sonne ihre höhere Temperatur damit ihr Licht verloren hat, wenn sämmtliche Bestandtheile der Erdoberfläche die chemischen Verbindungen geschlossen haben werden, welche ihre Verwandtschaftskräfte fordern. Kurz, das Weltall wird von da an zu einer ewigen Ruhe verurtheilt sein.[61]

Jenseits der physikalischen Details hat der Zweite Hauptsatz mit seinem umstrittenen Neologismus Entropie vor allem für das Denken von Ordnung und Unordnung heftige Effekte gezeitigt. Mit ihm fixiert sich eine flexibel skalierbare und scheinbar universell griffige Idee von Ordnung hier und Unordnung, also Entropie, dort. Man muss dazu freilich den metaphorischen Sprung von der experimentellen Dampfmaschine zur philosophischen Weltbetrachtung wagen und thermodynamische Systeme, also die Energiezirkulation, als Grundmodell für Ordnungsbildung schlechthin im Weltmaßstab begreifen. Nur wenn alles im System einer Dampfmaschine repräsentiert ist, lässt sich der entropische Untergang antizipieren. Auf die maximale Bezugsgröße, auf das gesamte Universum übertragen, entsteht das Bild eines schleichenden, entropischen Endes; mit jedem Tag vergrößert sich die Unordnung. Ordnung dagegen ist prinzipiell der Ausnahmefall, dessen Eintreten unerklärlich bleibt. Es braucht nicht übermäßig viel Phantasie, um sich die Konsequenzen einer solchen metaphorischen Verallgemeinerung eines physikalischen Grundsatzes auszumalen, der sich nebenbei anschickt, der überlieferten »apokalyptischen« Version von Untergang und Neuanfang Konkurrenz zu machen.[62]

61 Hermann Helmholtz: *Über die Wechselwirkung der Naturkräfte und die darauf bezüglichen neuesten Ermittlungen der Physik*, in: Populäre wissenschaftliche Vorträge 2 (1876), 116f.
62 Vgl. Freese: *Vom apokalyptischen zum entropischen Ende.*

Gerade diese Analogien zwischen Dampfmaschine und Gesellschaft sind keine nachträglichen Überlegungen von übergeschnappten Naturwissenschaftlern, die möglicherweise über das Ziel hinausschießen. Von Carnot über Thomson bis zu Clausius wird die Brücke zwischen Wärmelehre und Gesellschaftstheorie mindestens antizipiert, wenn nicht gar geschlagen. Thomsons Text heißt nicht zufällig *On a Universal Tendency in Nature of the Dissipation of Mechanical Energy*; und Clausius schaut ebenfalls nicht nur auf die Dampfmaschine und ähnliche Applikationen. Auch er hat die Welt im Blick. Die energetischen Prozesse im Kleinen wie im Großen finden zudem in den Grundmodellen der Thermodynamik mit gesellschaftlichen Erschütterungen infolge der Industrialisierung zusammen. Die entropische Zerstreuung, der kontinuierliche Abwärtstrend scheint auch den Gesellschaftskörper erfasst zu haben. Dissipation als allgemeines Prinzip, also als jene Bewegung, die zur Entropie führt, »ist zumindest teilweise entstanden und reflektierte kontinuierlich die einfache Analogie zwischen der Verminderung von Energie [...] und dem verminderten bzw. sich stetig zersetzenden Zustand der arbeitenden Armen«.[63] Was Thomson in Glasgow und anderswo beobachten kann, scheint in einem Naturgesetz zu wurzeln. Vor dem Hintergrund der sich rasant verändernden Gesellschaft und dem sich ebenso rasant verschlechternden sozialen Gefüge muss eine Erklärung her – ein Naturgesetz liefert sie. Ähnlich dimensioniert oder universell werden später die Informationstheorie, die ersten Rechenmaschinen und die gesellschaftlichen Verhältnisse in Einklang gebracht – allerdings mit optimistischeren Aussichten, weil damit das entropische Dilemma umschifft werden könnte.

63 Norton Wise: *Time Discovered and Time Gendered in Victorian Science and Culture*, in: Bruce Clarke/Linda Dalrymple Henderson (Hrsg.): From Energy to Information: representation in science and technology, art and literature, Stanford: Stanford University Press, 2002, 38–58, hier 52.

Flankiert werden diese theoretischen Überlegungen einerseits vom kritischen Blick auf die sozialen und politischen Entwicklungen in der Hochphase der Industrialisierung. Sie sind andererseits – zunächst assoziativ, dann mathematisch – anschlussfähig an neue, wenn man so will soziologische Perspektiven, in deren Zentrum die statistische Erfassung der Welt steht. An der Schwelle vom 18. zum 19. Jahrhundert nimmt jenes Wissen Formen an, das Ian Hacking treffsicher als »Lawine gedruckter Zahlen« umschreibt und mit dem die alte deterministische Welt zwingender Kausalitäten von einer flexiblen Erfassung mittels Auszählung schrittweise abgelöst wird.[64] »Irgendwann zwischen 1800 und 1850«, spitzt Thomas S. Kuhn diese fulminanten Verschiebungen zu, »veränderte sich der Charakter der Naturwissenschaften erheblich, besonders jener Wissenschaftsfelder, die als Physik bekannt sind. Diese Veränderung führt mich zum Begriff der Mathematisierung der alten empirischen Physik[65] als wesentlicher Aspekt einer zweiten wissenschaftlichen Revolution.«[66] Die statistische Erfassung der Welt und die Thermodynamik sind also zwei Varianten desselben Versuchs, Ordnung und Unordnung neu zu denken – schließlich folgt die Dissipation der Moleküle, also die unaufhaltsame Zunahme an Entropie, letztlich einem Wahrscheinlichkeitsgesetz, das etwas später von Max Planck und Ludwig Boltzmann formuliert werden wird. »Bei allen in der Natur vorkommenden Prozessen nimmt die thermodynamische Wahrscheinlichkeit eines abgeschlossenen Systems von Körpern, die untereinander in Wechselwirkung stehen, also auch die Entropie des Systems, zu und bleibt höchstens im Grenzfall konstant«, erklärt Karl-Heinz Kannegießer die dichte Kopplung von Wahrscheinlichkeit und Thermodynamik.

64 Ian Hacking: *The Taming of Chance*, Cambridge: Cambridge University Press, 1990, 2.

65 Im Original: »Baconian physical science«.

66 Thomas S. Kuhn: *The Essential Tension. Selected Studies in Scientific Tradition and Change*, Chicago, London: The University of Chicago Press, 1977, 220.

»Nach der Boltzmannschen Formulierung des Entropiesatzes ist ein thermodynamischer Zustand, in dem eine mehr oder weniger große ›Ordnung‹ herrscht, sehr unwahrscheinlich, da es für die Verwirklichung von ›geordneten Zuständen‹ viel mehr Möglichkeiten gibt als für ›ungeordnete Zustände‹.«[67]

Was Gustave Le Bon einige Jahrzehnte später in eine Theorie der Massen verdichtet,[68] deutet sich bereits Mitte des 19. Jahrhunderts an: Die große Zahl verarmter urbaner Proletarier inspiriert zu Überblendungen mit statistischen – also mathematischen – Modellen; sie erscheint als sichtbarer Ausdruck hochwahrscheinlicher, ungeordneter Zustände.[69] Naturwissenschaft und Gesellschaftstheorie sind eng verzahnt. Etwas forsch zugespitzt: Das Besondere, die klare Struktur oder der schlaue Geist, ist selten. Viel häufiger begegnet man der zufälligen Unordnung, der entropischen Vermischung der Moleküle oder dem Schäbigen und Einfachen. Die anscheinend zu beobachtende Degeneration der proletarischen Masse ist wie ein Symbol für die Indifferenz des Normalen. Von diesem Punkt ist es nicht mehr weit bis zur Entropie. Wer Masse, Normalität und Unordnung kurzschließt, landet assoziativ auch beim entropischen Verfall. Die verarmten und dreckigen Städte der Industrialisierung, denen Charles Dickens nicht zufällig den Namen »Coketown« verleiht, rufen also ein Denken wach, das den Untergang kommen sieht und nun (endlich, möchte man sagen) einen externen, stabilen Grund dafür gefunden hat: den Zweiten Hauptsatz der Thermodynamik. Innerhalb des unvermeidlichen und unverrückbaren Rahmens Entropie beginnt sich ein Spiel von statistischer Normalverteilung und Kontrolle zu etablieren. »Mittlerweile ist es üblich und selbstverständlich«,

67 Karl-Heinz Kannegießer: *Zum zweiten Hauptsatz der Thermodynamik*, in: Deutsche Zeitschrift für Philosophie 7 (1961), 841–860, hier 849.

68 Gustave Le Bon: *Psychologie der Massen*, Köln: Anaconda, 2011/1895.

69 Im Rahmen der Gaußschen Normalverteilung lässt sich ein ähnliches Argument halten.

schreibt Hacking, »von Information und Kontrolle als neutralen Begriffen zu sprechen [...]. Wir sollten allerdings bedenken, dass die Wurzeln solcher Ideen in der Vorstellung begründet liegen, mithilfe statistischer Erfassung und Klassifikation die Kontrolle über deviante Teile der Gesellschaft zu erlangen.«[70]

Der mathematische bzw. statistische Blick der Zeit untermauert also die Theorie der Maschinen: »Der große Vorteil der Normalverteilung«, konstatiert Elena Esposito, »[die] zum Zeitpunkt ihrer Entdeckung große Begeisterung auslöste, liegt in der Formulierung und Begründung eines Gesetzes, das zeigt, wie aus dem Chaos Ordnung entsteht«,[71] wie sich also ordnendes Licht ins chaotische Dunkel der Welt bringen lässt. Was gesellschaftlich vonstattengeht, scheint in der Dampfmaschine sein Funktionsprinzip und in einer Mischung aus Statistik und Thermodynamik seine Theorie zu finden. Das Chaos ordnet sich, wenn auch eingerahmt in ein unaufhörliches Verfallsszenario. Es braucht nur die richtige weil mathematische Beschreibung.[72]

Die Thermodynamik seit Carnot entspricht also einer physikalischen Theorie energetischer Prozesse – und ist immer schon viel mehr als das. Sie bietet ein Schnittmuster an, um die rapiden Veränderungen, die infolge der Industrialisierung das gesamte Gesellschaftsgefüge erfassen, zu verstehen und ihm eine Gesetzmäßigkeit zu verordnen (die sich zudem noch zeitgenössischen statistischen Modellen und Berechnungen beugt). Damit schrumpft freilich das politische Moment, genauer das von Bunz aufgerufene Argument, dass nicht die Technik selbst für Ausbeutung und Verarmung sorgt, sondern die Art ihrer Nutzung. Wenn sich die Degeneration der armen

70 Hacking: *The Taming of Chance*, 3.

71 Elena Esposito: *Die Fiktion der wahrscheinlichen Realität*, Berlin: Suhrkamp, 2014, 43.

72 Vgl. dazu Wise: *Time Discovered.*

Leute infolge einer flexiblen Skalierung des Zweiten Hauptsatzes quasi physikalisch erklären lässt, geht jeder Handlungsspielraum verloren. Ohne Zweifel, die Verschaltung gesellschaftlicher Dynamiken mit thermodynamischen Gesetzen bleibt eine vage Überlegung, die ganz offensichtlich immer wieder an Grenzen stößt. Mit dem schillernden Begriff Entropie bekommt sie allerdings ein schickes Gewand, mit dem sich kulturpessimistische Argumente naturwissenschaftlich kleiden können und das erst einige Jahrzehnte später seiner pessimistischen Färbung beraubt wird.

Beispiele für eine solche Deutung der Lage, für ein heilloses Verfallsszenario, gibt es einige. Bertrand Russells Interpretation des Zweiten Hauptsatzes ist so eins. Er gibt zu Protokoll, dass

> all the labours of the ages, all the devotion, all the inspiration, all the noonday brightness of human genius, are destined to extinction in the vast death of the solar system, and that the whole temple of Man's achievement must inevitably be buried beneath the debris of a universe in ruins – all these things, if not quite beyond dispute, are yet so nearly certain, that no philosophy which rejects them can hope to stand. Only within the scaffolding of these truths, only on the firm foundation of unyielding despair, can the soul's habitation henceforth be safely built.[73]

Damit wäre Entropie universalisiert. Sie steckt in allem; und ohne die permanente Reflexion auf ihren Abgrund ist jedes Denken oder Fühlen sinnfreies Spiegelfechten.

Ähnlich sieht es der Astrophysiker Arthur Eddington: »Ich glaube, daß dem Gesetz von dem ständigen Wachsen der Entropie – dem zweiten Hauptsatz der Thermodynamik – die erste Stelle unter den Naturgesetzen gebührt.«[74] Und wenn eine philosophische Theorie

73 Bertrand Russell: *A Free Man's Worship.* In: Mysticism and Logic and Other Essays, Auckland: The Floating Press, 2010/1902, 62.

74 Arthur Eddington: *Das Weltbild der Physik und ein Versuch seiner philosophischen Deutung*, Braunschweig: Vieweg, 1931, 78.

gegen diesen Grundsatz »verstößt, dann ist alle Hoffnung vergebens. Dann bleibt ihr nichts mehr übrig, als in tiefster Demut in der Versenkung zu verschwinden.« Oswald Spengler springt in *Der Untergang des Abendlandes* auf diesen Zug und schreibt: »Das Weltende als Vollendung einer innerlich notwendigen Entwicklung – das ist die Götterdämmerung; das bedeutet also, als letzte, als irreligiöse Fassung des Mythos, die Lehre von der Entropie.«[75]

Der unerbittliche »Zug ins Futur«, den Uwe Jochum den neuen Medien attestiert, beginnt gewissermaßen schon hier, nur mit negativem Vorzeichen. An der Schwelle vom 18. zum 19. Jahrhundert kommt zum ersten Mal ein katastrophisches Zukunftsdenken auf, das auf ein religiöses Narrativ vom Jüngsten Gericht verzichtet. Hier etabliert sich das kommende Ende der Menschheit ohne die richtende Hand Gottes, der profane Weltuntergang, der nicht zwingend mit einem Neuanfang verknüpft ist. Das Jahr ohne Sommer 1816, als es nach einem Vulkanausbruch auf der Insel Sumbawa im heutigen Indonesien an vielen Orten Europas und Nordamerikas auffällig kalt bleibt, mag für das kulturelle Gedächtnis auch als Brücke zum Denken von Entropie hergehalten haben. Schließlich basiert die entropische Fiktion auf einem restlosen Erkalten der Welt, dem »heat death«.[76] Mitte des 19. Jahrhunderts entsteht also ein »konkurrierendes Paradigma des Endes«, das jenes des Jüngsten Gerichts überlagert oder gar verdrängt. Kein Klang der Posaunen mehr, »sondern eine unumkehrbare Bewegung durch eine ihrem unausweichlichen Verfall entgegendriftende endliche Welt. Dieses neue Paradigma«, schreibt Peter Freese,

75 Oswald Spengler: *Der Untergang des Abendlandes: Umrisse einer Morphologie der Weltgeschichte*, München: Beck, 1963, 547.

76 Vgl. Eva Horn: *Zukunft als Katastrophe*, Frankfurt/Main: Fischer, 2014, 45ff.

war als unwiderlegbare Konsequenz des neu entdeckten Zweiten Gesetzes der Thermodynamik noch viel erschreckender als sein biblisches Pendant, denn auch Agnostiker mussten es nun als wissenschaftliches Faktum akzeptieren und konnten es nicht als religiöse Spekulation zurückweisen.[77]

Freilich regt sich auch Widerstand gegen diese vermeintliche Einsicht in die Hoffnungslosigkeit. Mit physikalischen Anordnungen und Experimenten versuchen unterschiedliche Wissenschaftler, das Theorem zu durchkreuzen und praktisch wie philosophisch dagegenzuhalten.[78] Friedrich Engels etwa antizipiert die Aufgabe der »Naturforschung« darin, Möglichkeiten aufzuzeigen, »die in den Weltraum ausgestrahlte Wärme [...] in eine andere Bewegungsform [...] umzusetzen«.[79] Damit träumt er zwar von einer Lösung, kauft zugleich aber die thermodynamische Deutung. Und der russische Schriftsteller Jewgeni Samjatin ist 1924 davon überzeugt, dass nur die Revolution als Therapie vor dem Verfall, vor der Entropie, bewahre.[80] In der zweiten Hälfte des 19. Jahrhunderts breitet sich der Begriff Entropie im Kulturgut aus und wird zur naturwissenschaftlich geadelten Metapher für Unordnung und Verfall. Bereits 1895 verarbeitet H. G. Wells den Kältetod (was die saubere Übersetzung für heat death wäre) literarisch in seinem Werk *The Time Maschine*.[81] Die Reise der Hauptfigur endet gerade dort, wo alle Energie in Entropie, alle Ordnung in Unordnung übergegangen ist und nur noch Stille, eine schwer vorstellbare Stille herrscht.

77 Freese: *Vom apokalyptischen zum entropischen Ende*, 7.

78 Etwa Joseph Lohschmidt: *Der zweite Satz der mechanischen Wärmelehre*, in: Sitzungsberichte der Mathematisch-Naturwissenschaftlichen Classe der Kaiserlichen Akademie der Wissenschaften 59.2 (1869), 395–418 oder Ernst Zermolo: Über einen Satz der Dynamik und die mechanische Wärmetheorie, in: Annalen der Physik 57 (1896), 493.

79 Friedrich Engels: *Dialektik der Natur*, Berlin: Dietz, 1961/1925, 27. Siehe dazu ausführlicher Peter Schyga: *Entropie*, in: Historisch-kritisches Wörterbuch des Marxismus, Bd. 3, Hamburg: Argument, 1997, 512–522.

80 Jewgeni Samjatin: *Über Literatur, Revolution, Entropie und anderes*, in: Jewgeni Samjatin: Aufsätze, Autobiographie, Brief an Stalin, Leipzig, Weimar: Kiepenheuer, 1991/1924.

81 H. G. Wells: *Selected Short Stories*, Harmondsworth 1965, 77f.

Diese Deutungen von Entropie als Anderem der Ordnung und Name für das kommende und vielleicht aufzuhaltende Ende setzen voraus, die Struktureinheit »System« beliebig dimensional verschieben und endlos vergrößern zu können. Zudem müssten, damit ein universeller Entropiegedanke funktionieren kann, alle relevanten Kenngrößen und Einflussfaktoren bekannt sein; und diese müssten aus physikalischen Modellen verlustfrei in sozialphilosophische und gesellschaftliche, weltumspannende und buchstäblich universelle Themen überführt werden können. Damit kaufen sich die Apologeten des kommenden heat death zugleich eine physikalische Definition für Ordnung ein, deren Anderes als Gleichgewicht infolge von Dissipation konzipiert ist. Gleichgewicht gleich Unordnung gleich Entropie. Ungleichgewicht (warm hier, kalt dort) ist demzufolge ein Ausdruck von Ordnung und implizit Ziel des Ganzen. Ins Politische überführt oder als politische Metaphorik ist das gefährlich und – häufig wohl eher unreflektiert – ein Schreckensszenario, weil Ordnung dann Segregation hieße, was sich auf arm und reich oder auf die zu jener Zeit üblichen Überlegungen zur Rassentrennung beziehen könnte. Letztlich sind es Analogien zwischen verschiedenen Systemen – thermodynamischen, sozialen oder universellen – im Verbund mit einer spekulativen »innere Verwandtschaft«,[82] welche die Debatten um ein unvermeidbares Weltende und den schleichenden Prozess zunehmender Unordnung tragen. Kurz: Die Welt scheint auf einer schiefen Bahn. Offenbar kann nichts den Verfall aufhalten.

Das 19. und frühe 20. Jahrhundert sind von einigen substantiellen Krisen durchzogen, die vor allem die Frage nach gegenwärtigen und künftigen Ordnungsmodellen auf den Plan rufen und den Analogieschluss zur Entropie in gewisser Weise nahelegen. Die Zukunft

82 Manfred Wöhlcke: *Soziale Entropie. Die Zivilisation und der Weg allen Fleisches*, München: dtv, 1996, 18.

wird allzu gern als Katastrophe gezeichnet,[83] was nun auch mit akademischen Weihen versehen wird. Zur Industrialisierung und ihren dramatischen Effekten gesellt sich etwa eine aufklärerisch oder wissenschaftlich begründete religiöse Skepsis. Der bereits zitierte Russell beispielsweise argumentiert nicht nur gegen das Christentum, sondern zieht auch die ordnungsstiftende Kraft Gottes in Zweifel: »Meinen Sie, wenn Ihnen Allmacht und Allwissenheit und dazu Jahrmillionen gegeben wären, um ihre Welt zu vervollkommnen, daß Sie dann nichts Besseres als den Ku-Klux-Klan oder die Faschisten hervorbringen könnten?«[84] Vor dem Hintergrund neuer naturwissenschaftlicher Erkenntnisse, die unvermittelt an technischen Neuerungen hängen, stellt sich gewissermaßen eine Langzeitperspektive ein, die einer höheren Ordnung unterliegt. Die Menschheit überhaupt ist eine kurzweilige Ausnahme, bevor die Erde (wieder) »etwas Totes, Kaltes, Lebloses« sein wird.[85] Die Wirren der Vorkriegszeit, der Pauperismus in den Städten und vieles mehr lässt die Suche nach Begründungsnarrativen für Ordnung mit einiger Brisanz aufkeimen. Weder Religion noch Aufklärung und Vernunft können ohne Weiteres diesen Platz einnehmen. Die Entropie wiederum als Grundsatz oder Leitfaden lässt zwar wenig Hoffnung zu, sie kann aber als Erzählung, als Rahmen dienen, wenigstens die Wirren, die Unordnung und das Chaos zu verstehen.

Das Narrativ, die Metapher liefert eine paradoxe Figur: Entropie generiert Ordnung im Anderen der Ordnung, indem es die Systematik dieses Anderen dechiffriert und auf vermeintlich naturwissenschaftlich stabile Füße stellt. Der Zweite Hauptsatz kann so gesehen beruhigend wirken, weil er die Unwägbarkeiten, die Fehlschläge der

83 Vgl. Horn: *Zukunft als Katastrophe*.

84 Bertrand Russell: *Warum ich kein Christ bin*, München: Szczesny, 1963, 24.

85 Ebd.

Moderne und den Mangel an ordnungsstiftenden Erzählungen zu verstehen hilft. Vor dem Hintergrund des unausweichlichen Endes lässt sich die »Wohnung der Seele errichten« (Russell). In gewisser Weise gleicht der Zweite Hauptsatz mitsamt seiner philosophischen Deutung Hegels »Weltgeist«, nur mit negativen Vorzeichen. Wenn sonst nichts stabil ist, bleibt zumindest diese eine unzweifelhafte Wahrheit. Man kann sie schließlich entweder akzeptieren, um »ungeniert« leben zu können (Russell). Oder die gleichsam verzweifelte Suche nach Auswegen müsste mit voller Intensität beginnen (Engels, Samjatin u. a.). Die Informationstheorie und die Rechenmaschinen werden später diese weltgeschichtliche Hypothek vermeintlich tilgen.

Die thermodynamische Entropie fungiert damit auch als Kontingenzverleugnung. Wenn sonst schon nichts mehr klar und deutlich erscheint, wenn Ordnung umkämpft und unsicher ist und sich tendenziell auf dem Rückzug befindet, dann bleibt nur die unzweideutige Einsicht in die innere Notwendigkeit (des unaufhaltsamen Niedergangs). Im ganz großen Stil scheint die entropische Unordnung sowieso auf dem Vormarsch und nicht zu stoppen, was – sehr metaphorisch – das Scheitern verschiedener ordnungsstiftender Ideale und eine Krise der Moderne zu erklären hilft, deren Ordnung aus den Fugen geraten ist. »Die große Obsession des 19. Jahrhunderts ist bekanntlich die Geschichte gewesen: die Entwicklung und der Stillstand, die Krise und der Kreislauf, die Akkumulation der Vergangenheit, die Überlast der Toten, die drohende Erkaltung der Welt«, schreibt Michel Foucault in einem Text über *Andere Räume* und fügt an: »Im Zweiten Grundsatz der Thermodynamik hat das 19. Jahrhundert das Wesentliche seiner mythologischen Ressourcen gefunden.«[86] Das 20. Jahrhundert, jedenfalls ab dessen zweiter Hälfte,

86 Michel Foucault: *Andere Räume*, in: Karlheinz Barck u. a. (Hrsg.): Aisthesis. Wahrnehmung heute oder Perspektiven einer anderen Ästhetik, Leipzig: Reclam, 1992, 34.

wird im universellen Tool Information und in den Rechenmaschinen seine mythologischen Ressourcen finden, weil mit der binären Decodierung der Welt der entropische Verfall verzögert oder sogar gänzlich umschifft werden könnte. Und dennoch müssen auch noch im 20. Jahrhundert physikalische Überlegungen zur Begründung gesellschaftspolitischer Depressionen herhalten. Entropie taugt weiterhin als erschwerende und gleichzeitig erleichternde Metapher für ein trauriges oder ungeniertes Leben, weil letztlich alles egal ist.

Ken Kesey etwa, einer der berühmten Beat-Autoren der 1950er Jahre, gibt dem deprimierenden und beinahe ausweglosen Lebensgefühl der US-amerikanischen Nachkriegszeit, das zugleich der Anfang seiner radikalen Sinnsuche ist, eine literarische Form, nicht ohne Entropie ins Spiel zu bringen: »About one hundred years ago«, schreibt er in einer erst 1986 veröffentlichten Kurzgeschichte,

> there lived a physicist named James Clerk Maxwell. Entropy fascinated him also. As a physicist he had great affection for the wonders of our physical universe, and it seemed to him cruel that all the moving things of our world, all the marvellous, spinning, humming, ticking, breathing things should be doomed to run down and die. Was there no remedy to this unfair fait?[87]

Irgendwie und bestenfalls ergebnisoffen grundiert Entropie alles und steht symbolisch auch für das Lebensgefühl der Beats – der Geschlagenen, wie sich der Name der Gruppe und der aus ihr hervorgehende Kult etwas frei übersetzen ließe.

Am anderen Ende der Skala – jedenfalls was Promiskuität und Drogenkonsum angeht – ist Papst Pius XII. zu suchen, den mit Kesey wohl nicht mehr verbindet als der explizite Verweis auf Entropie. In einer Ansprache vor der Päpstlichen Akademie der Wissenschaften 1951 fühlt sich der Stellvertreter Gottes genötigt, seinen

87 Ken Kesey: *Demon Box*, London: Meuthuen, 1986, 308.

Schöpfergott vor der alles vernichtenden Entropieerzählung zu retten: »Im Verlauf von Jahr Millionen verarmen auch die scheinbar unerschöpflichen Vorräte der Atomkerne an nutzbarer Energie, und die Materie wird, um bildhaft zu sprechen, einem erloschenen und verschlackten Vulkan immer ähnlicher«, erklärt er. Dies führt ihn zum Gedanken, dass wenn »der gegenwärtige Kosmos, so voll pulsierenden Lebens und Rhythmus [...] sich nicht aus sich selbst erklären kann, so wird das um so weniger jener Kosmos vermögen, über den sich einmal auf seine Weise der Todesschatten legen wird.«[88] Wenn der Ausgang schon bitter, weil entropisch ist, so muss der Anfang umso göttlicher gewesen sein.

Jeremy Rifkin, US-amerikanischer Ökonom und Soziologe, betitelt ein 1980 erstmals erschienenes Buch *Entropie. Ein neues Weltbild.*[89] Bereits das Cover der deutschen Ausgabe, die zwei Jahre später erscheint, macht unmissverständlich klar, dass es nichts Wichtigeres als Entropie geben kann. Sie sei »ein Naturgesetz«, mit dem die alte Vorstellung hinfällig ist, dass »Wissenschaft und Technologie eine geordnete Welt schaffen«. Sie »erklärt, warum in allen Bereichen Krisen, Verfall, Zerstörung und Chaos zunehmen« und liefert als »Weltgesetz [...] die entscheidende Orientierungshilfe für die Zukunft der Menschheit«. Zeitschriften wie *The New York Times*, *Business Week* oder *New Scientist* feiern Rifkin für ein kraftvolles und überzeugendes Buch, das – so etwa *New Scientist* – das »Entropiegesetz aus seiner rein physikalischen Bedeutung löst, es generalisiert und diese Übertragung auf allgemeine Bereiche logisch zu Ende führt«. Rifkin kolportiert die Thermodynamik vollständig und scheint von den Umwälzungen entsprechender Wissensbestände durch die Kybernetik nichts mitbekommen zu haben. Doch er weiß genau, dass die Adaption von

88 Zitiert in Kannegießer: *Zum zweiten Hauptsatz der Thermodynamik*, 852.

89 Jeremy Rifkin: *Entropie. Ein neues Weltbild*, Hamburg: Hoffmann und Campe, 1982.

Entropie auf Welt und Gesellschaft vielleicht dankbar, weil so klar wie reißerisch ist, aber weder logisch noch zwingend. »Das Entropiegesetz«, schreibt er ungewollt geschwätzig, »muß man ebenso erfühlen wie verstehen.« Anders formuliert: Wem der Sprung von der Dampfmaschine zu Gesellschaft, Politik und Universum zu gewagt erscheint, hat seine Gefühle noch nicht richtig justiert.[90]

Der Dramatiker Heiner Müller, nicht unbedingt als glühender Optimist bekannt, unterstellt in seinem Text *Zur Lage der Nation*, der 1990 erscheint, dass es nichts anderes als den gesunden Menschenverstand braucht, um sich über den entropischen Untergang klar zu werden:

> Jeder vernünftige Mensch weiß, dass dieses Universum eines Tages aufhört zu existieren – durch Implosion, Entropie oder was auch immer – und die einzige Frage, die sich stellt, ist, ob die Erde zu Sand wird oder in Rauch und Feuer aufgeht. Das ist die Entscheidung, die die Menschheit zu treffen hat. Feuer oder Staub. Und daran knüpft Nietzsche an mit der Frage, ob dieser Untergang als allgemeines Gejammer stattfinden wird oder ob es der Menschheit gelingt, sich vorher zu einer rauschenden Festgemeinschaft zu vereinigen, also ein Gattungsbewußtsein zu entwickeln und aus dem Untergang ein Fest zu machen.[91]

Ob Friedrich Nietzsche als radikaler Denker der Kontingenz, der Erfindung und des Trugs die Vorstellung eines buchstäblich ursprünglichen und alles erklärenden Gesetzes mitgetragen hätte, sei dahingestellt.[92] Müllers Einlassungen veranschaulichen dennoch

90 Noch 2007 thematisiert der einigermaßen triviale Film *Sunshine* von Danny Boyle das Erkalten der Welt. Weil die Sonne nicht mehr genug Licht liefert, soll eine von Menschenhand erzeugte Explosion dem Stern auf die Sprünge helfen. Abgesehen vom Umstand, dass ein in sehr, sehr ferner Zukunft liegendes Nachlassen der Sonne deutlich vorverlegt wird, fällt vor allem auf, dass der Film das Wort Entropie gänzlich vermeidet.

91 Heiner Müller: *Zur Lage der Nation*, Berlin: Rotbuch, 1990, 72f.

92 Nietzsches Pessimismus basiert eher auf der immerzu mangelnden Erkenntnisfähigkeit des Menschen statt auf einem Naturgesetz: »Aber der ›Geist‹, insbesondere der ›historische

die Langlebigkeit einer genauso erleichternden wie deprimierenden Konstante.

Der deutsche Soziologe Manfred Wöhlcke schließlich – um diese kleine Sammlung abzuschließen – verhakt sich ebenfalls beim Grundsatz der Entropie und bezieht daraus die vermeintlich restlos sichere, weil naturwissenschaftliche Begründung für seinen überlegenen Pessimismus: »Die Gesellschaft tendiert zum Zustand der größten Wahrscheinlichkeit und damit zur größten Unordnung; sie zerfällt«, stellt er unmissverständlich fest. »Ich habe ein tiefes Verständnis für zivilisatorische Dekadenz und glaube, daß Pessimisten letztlich mehr Realitätssinn haben als Optimisten«,[93] schreibt er in seinem 1996 veröffentlichten Buch mit dem unzweideutigen Titel *Soziale Entropie. Die Zivilisation und der Weg allen Fleisches*. Einem flüchtigen Gespräch mit einem Physiker, der sich mit Entropie beschäftigte, entnahm er den begrifflichen Schlüssel und – nicht minder wichtig – die vermeintlich naturwissenschaftliche Absicherung seiner solide-düsteren Haltung: »Im Rahmen der Thermodynamik ist [Entropie] ein Maß für die Umkehrbarkeit bzw. Nichtumkehrbarkeit energetischer Prozesse, und im Rahmen der Wahrscheinlichkeitsrechnung [...] ein Maß für Ordnung bzw. Unordnung«. Der zweite Aspekt scheint

Geist‹, ersieht sich auch noch an dieser Verzweiflung seinen Vortheil: immer wieder wird ein neues Stück Vorzeit und Ausland versucht, umgelegt, abgeleitet, eingepackt, vor allem studiert: – wir sind das erste studierte Zeitalter in puncto der ›Kostüme‹, ich meine der Moral, Glaubensartikel, Kunstgeschmäcker und Religionen, vorbereitet wie noch keine Zeit es war, zum Karneval grossen Stils, zum geistigen Faschings-Gelächter und Übermut, zur transcendentalen Höhe des höchsten Blödsinns und der Welt-Verspottung. Vielleicht, dass wir hier gerade das Reich unserer Erfindung noch entdecken, jenes Reich, wo auch wir noch original sein können, etwa als Parodisten der Weltgeschichte und Hanswürste Gottes, – vielleicht dass, wenn auch Nichts von heute sonst Zukunft hat, doch gerade das Lachen noch Zukunft hat!«, Friedrich Nietzsche: *Jenseits von Gut und Böse. Kritische Studienausgabe Bd. V*, Berlin: De Gruyter, 1999, 157. Siehe auch Michel Foucault: *Nietzsche, die Genealogie, die Historie*, in: Michel Foucault: Von der Subversion des Wissens, Frankfurt/Main: Fischer, 1996, 71.

93 Wöhlcke: *Soziale Entropie*, 16.

Wöhlcke besonders »fruchtbar« für die Sozialwissenschaften, »und zwar speziell die These, wonach in geschlossenen Systemen irreversible Prozesse ablaufen, die zum Zustand [...] größter Unordnung tendieren«.[94] Die »sogenannte Dissipation von Energie« führe zum »Zerfall der vorhandenen Ordnungsstrukturen: Der Grad der Entropie steigt«. Ohne weiter auf physikalische oder mathematische Details einzugehen, adaptiert Wöhlcke also eine naturwissenschaftliche Größe umstandslos für die Beschreibung gesellschaftlicher Zustände.[95]

Spätestens bei Müller und Wöhlcke ist deutlich zu erkennen, dass Entropie nicht viel mehr ist als ein beliebiges Begründungsnarrativ für düstere Aus- oder Ansichten – ausgestattet mit einer Portion Pomp. Zumal nie so recht klar wird, in welchem naturwissenschaftlichen Rahmen das Wort verwendet und seine scheinbar unumstößliche Macht ausgespielt wird: Von welchen Zeitspannen ist die Rede, was ist eigentlich die Bezugsgröße für den entropischen Verfall und lässt sich das Universum tatsächlich als geschlossenes System verstehen? Das geflügelte Wort Entropie spielt ganz offenbar mit Assoziationen und veranlasst zu großdimensionierten Vermutungen. Obwohl genauer besehen einiges unklar bleibt, trägt sich die tragische Erzählung vom Erkalten der Welt fort – zunehmend ergänzt, irritiert oder unterstützt von seinem Komplementärbegriff Information. Der dystopische Geist der Entropie liefert gewissermaßen das Fundament, auf dem das Denken in Informationen mitsamt seiner Euphorie aufbaut. Die Prominenz des Begriffs, nicht zuletzt im Kompositum Informationsgesellschaft, hat viel mit der dystopischen Entropieerzählung zu tun.

94 Ebd., 15.

95 Der US-amerikanische Fernsehstar Stephen Colbert, der die *Late Show* moderiert, spricht noch 2017 ziemlich lässig von Entropie (in der Sendung vom 4. Oktober 2017).

Vom Heat Death zum Rauschen

Vor dem Hintergrund dieses entropischen Verfallsdramas, das ein ganzes kulturpessimistisches Genre hervorruft, verliert Shannons Gleichsetzung von Entropie und Information, auf die ich noch genauer eingehen werde, ganz und gar ihre Unschuld. Nun lässt sich die Thermodynamik wahrlich nicht für das desaströse Ende der klassischen Moderne, für zwei Weltkriege und den Holocaust verantwortlich machen. Aus der anderen Richtung allerdings trägt die phantasmatische Verknüpfung von Physik und Weltgeschehen ein Stück weit: Die Welt erkaltet zwar nicht unmittelbar, das dauert noch eine Weile. Aber der gesellschaftliche Verfall, die Degeneration der Masse schreitet vermeintlich unaufhaltsam voran, und die politischen Ereignisse der ersten Hälfte des 20. Jahrhunderts sind scheinbar Beleg dafür. Alles geht langsam vor die Hunde, es sei denn, eine neue wissenschaftliche Entdeckung stoppt oder verlangsamt wenigstens den entropischen Niedergang.

Genau für diese bahnbrechende Neuerung liefert Shannon ein Modell, einen Begriff, der anfänglich eine ganz spezifische Bedeutung hat und dabei helfen soll, Nachrichten möglichst verlustfrei über weite Strecken verschicken zu können. In diesem Zusammenhang verknüpft Shannon Entropie mit Information.[96] Ein Beispiel: Wenn ein Mensch an einer Bar steht und 16 verschiedene Sorten Gin zur Auswahl hat, ist dieser Moment oder dieses Zeitfenster von 4 Bit Information geprägt, weil sich in 4 Bit auf binäre Weise 16 (2^4) Varianten darstellen lassen.[97] Der kurzweilige Moment freier Wahl ist

96 Vgl. Robert Feustel: *»A Measure of Disorder« – Entropie als Metapher für das Andere der Ordnung*, in: Behemoth. A Journal on Civilisation 6.1 (2013), 118–139.

97 »If one has available say 16 alternative messages among which he is equally free to choose, then since 16 = 24 so that log216 = 4, one says that this situation is characterized by 4 bits of information«, Weaver: *Recent Contributions to the Mathematical Theory of Commuication*, 4.

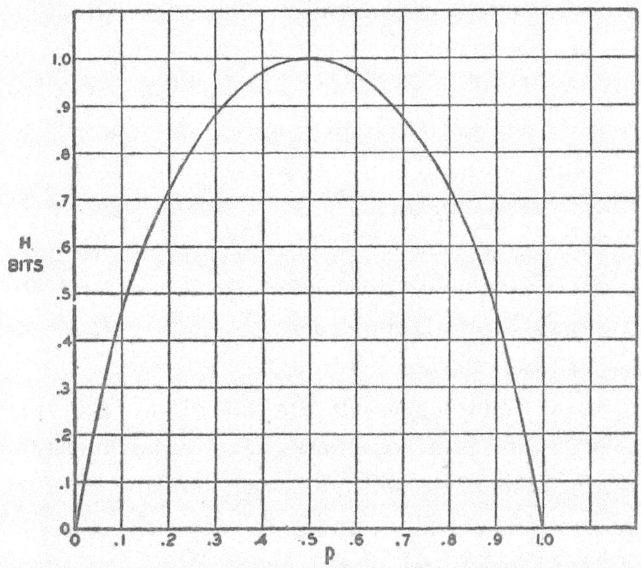

Fig. 7—Entropy in the case of two possibilities with probabilities *p* and (1—*p*).

Abb. 1: Shannon: Entropiewerte im Fall von zwei Zustandsgrößen (0 und 1)

auch einer der Unsicherheit, bis unser Mann eine Sorte gewählt und damit eine Nachricht versendet hat. Abbildung 1 verdeutlicht diesen Begriff von Information: Genau in der Mitte zwischen 0 und 1, also zwischen zwei Wahlmöglichkeiten, ist der Informationswert am höchsten. Dieses Verständnis von Information führt Shannon dazu, ihn mit der thermodynamischen Entropie ($I = H$) zu verbinden und ganz nebenbei den überlieferten physikalischen und philosophischen Streit um den kommenden Weltuntergang aufzugreifen und in neue Bahnen zu lenken.

Norbert Wiener, Leon Brillouin (ein weiterer Denker der Informationstheorie) und andere nehmen zwar nur kurze Zeit später $I = -H$

an, also Information als Verringerung von Entropie.[98] Mathematisch handelt es sich jedoch nur um ein Vorzeichen, um nichts also, was für einen größeren Eklat sorgen könnte. Für das Denken von Informationen und dessen weitverzweigte Folgen ist der Unterschied allerdings erheblich. Während Shannon den Moment der Unsicherheit als Information versteht, dreht Wiener (u. a.) das Ganze um und erst die Entscheidung gilt als solche. Abbildung 2 symbolisiert die Umkehrung: Die Kurve, die bei 0/0 beginnt, $I = H$, also Entropie gleich Information; die andere, beginnend bei 1.0, zeigt $I = -H$, also die Verringerung von Entropie durch Information.

Die mathematische Kleinigkeit, Information und Entropie (proportional) zu verknüpfen, greift einerseits auf verbissen geführte Debatten um das kommende Weltende zurück – und damit indirekt auf jene zum Zustand der Kultur. Andererseits hat sich dieses Verständnis von Information etabliert und das heutige Wissen schwerwiegend beeinflusst. Das für Shannon eher nebensächliche, allerdings entscheidende Moment dabei ist die Verknüpfung der Debatte um Information und Kommunikation mit einer anderen, viel allgemeineren Skalierung, jener von Ordnung und Unordnung. Mit Shannon erleben zunächst naturwissenschaftliche, später popkulturelle Debatten um Ordnung und Unordnung eine Renaissance und eine substantielle Verschiebung zugleich. Nachdem die Kunde von Bits, Bytes, Informationen und Computern aus den Labors von AT & T Bell und anderen an die Öffentlichkeit gedrungen war, macht sich ein neues Denken auf den Weg, das Ordnung an Information knüpft und bis in die äußersten Kapillaren des Zeitgeistes vordringen wird.

98 Norbert Wiener: *Cybernetics, or control and communication in the animal and the machine*, Cambridge: MIT Press, 1948. Etwas später eher popkulturell Nobert Wiener: *Mensch und Menschmaschine*, Frankfurt/Main: Ullstein, 1958 und Jeon Brillouin: *Science and Information Theory*, London: Academic Press, 1962.

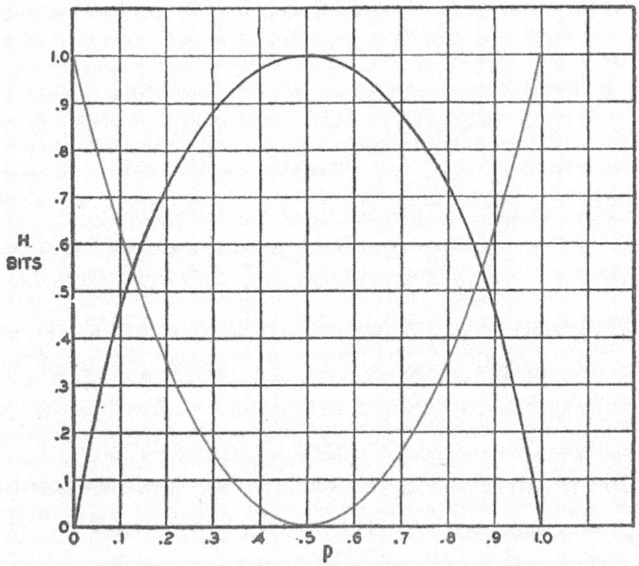

Fig. 7—Entropy in the case of two possibilities with probabilities p and $(1-p)$.

Abb. 2: Eigene Abbildung auf Grundlage von Shannon.

Shannons thermodynamische Anleihe ist zwar mathematisch motiviert, schließlich hatten Boltzmann und Planck die logarithmische Verbindung von Entropie und Wahrscheinlichkeit gezeigt, auf die sich Shannon in seinen Berechnungen bezieht. Weil aber Entropie weit mehr ist als eine Angelegenheit für Naturwissenschaftler, eröffnet dieser Kurzschluss zweier Konzepte bzw. die Übersetzung thermodynamischer Fragen in informationstheoretische eine ganze Serie von Debatten, die anschließend deutlich weitere Kreise ziehen, als nur den Überbau für Rechenmaschinen und Kommunikation darzustellen. Weder Turing noch Shannon liegt es nahe, sich auf das dünne Eis der Philosophie vorzuwagen und ihre eigenen Modelle dort zur Geltung bringen zu wollen.

Diesen Weg schlägt fast zeitgleich Norbert Wiener ein. Dessen zuerst 1950 veröffentlichte und viel gelesene Schrift *The Human Use of Human Beings: Cybernetics and Society* hat wesentlich dazu beigetragen, den Zweiten Hauptsatz mitsamt des Schlagworts Entropie zu popularisieren. Zugleich hat Wiener eine zweite, größere Welle sozialphilosophischer Debatten in Bezug auf Ordnung und Unordnung um vermeintlich physikalische Tatsachen herum entfacht. Wiener referiert nicht nur Clausius und umschreibt und vereinfacht – wie in einem populärwissenschaftlichen Buch nicht anders zu erwarten – die physikalischen Argumente. Zunächst akzeptiert er sogar die philosophischen und quasikulturpessimistischen Konsequenzen des Entropiekonzepts, wie sie exemplarisch bei Spengler oder Russell formuliert wurden: »In einem sehr realen Sinn sind wir Schiffbrüchige auf einem dem Untergang geweihten Planeten«,[99] was sich unzweifelhaft an der im Zweiten Hauptsatz beschriebenen Tatsache stetig zunehmender Entropie ablesen lasse. Der universelle Blick jedoch habe einen blinden Fleck: Der Zweite Hauptsatz ist zwar eine »valide Aussage über das Ganze eines geschlossenen Systems«.[100] Es sagt allerdings wenig über einen »nicht-isolierten Teil«,[101] also über ein anschlussfähiges, offenes Teilsystem aus. Gerade dort gibt es, argumentiert Wiener, zeitlich und räumlich begrenzte Inseln abnehmender Entropie. Während der Blick auf die Totale zwar die thermodynamische Wahrheit erkennen lässt, zeigen die Inseln, dass es dennoch Fortschritt gibt.

99 »In a very real sense we are shipwracked passengers on a doomed planet«, Norbert Wiener: *The Human Use of Human Beings. Cybernetics and Society*, Garden City, New York: Doubleday, 1954, 40.

100 Im Original: A »valid statement about the whole of a closed system«, Wiener: *The Human Use of Human Beings*, 36.

101 An »non-isolated part«, ebd.

Wiener zweifelt zwar den Zweiten Hauptsatz der Thermodynamik – und damit die gleichsam weltgeschichtliche Metapher des entropischen heat death – nicht an, formuliert aber einen substantiellen Unterschied zwischen den zu diskutierenden Dimensionen und leitet daraus einen vorsichtigen Optimismus ab. Während im großen, im kosmischen Maßstab alles (sehr) langfristig auf völlige Unordnung oder maximale Entropie zustrebt, ist die Existenz des Menschen als eine Form der »Insel« der Ausnahmefall; und das entropische Weltende ist in so weiter Ferne, dass es nicht lohnt, darüber zu spekulieren. Vor der Kulisse einer in nicht absehbarer Zeit der entropischen Unordnung und damit dem Untergang geweihten Welt ist es durchaus möglich, stellt Wiener deutlich heraus, offene Systeme so zu modellieren, dass deren Entropie wenn schon nicht ganz verschwindet, so doch auf ein Minimum zu reduzieren sei. Die Inseln der Ordnung, deren Entstehung zwar unklar, deren Existenz aber unstrittig sei, gilt es so auszugestalten, dass sie dem prinzipiell unaufhaltsamen entropischen Zahn der Zeit möglichst lange standhalten.

Diese Gegenüberstellung der physikalischen Totale mit dem kybernetischen Blick auf offene, konkrete Systeme hinterlässt zwar den Eindruck, als habe Wiener den Zweiten Hauptsatz nur als prominenten Pappkameraden aufgestellt, weil sich keine direkte Verbindung zwischen beiden Perspektiven zeigt: Clausius' Einsichten mögen zwar stimmen, Relevanz für das konkrete Leben haben sie aber nicht. Der Entropiebegriff fungiert allerdings als Brücke. Das entscheidende Moment besteht darin, System und Ordnung nicht weiterhin von ihrer energetischen oder thermodynamischen Zirkulation her zu erklären, sondern stattdessen Kommunikation und mit ihr die Grundeinheit Information ins Zentrum zu stellen. Wenn es gelänge, Kommunikation zu steuern, ließe sich auch die »natürliche Tendenz, dass sich das Organisierte abbaut und das Bedeutungsvolle zerstört, dass also die Entropie steigt«,[102] wenn nicht gar verhindern, so doch auf ein erträgliches Minimum reduzieren. Vielleicht könnten wir das Unvermeidliche vertagen. Mit dieser Verschiebung löst Wiener den Entropiebegriff aus seinem thermodynamischen Korsett und erhebt ihn zur allgemeinen, quasiphilosophischen Umschrift für Unordnung, zum allgemeinen Naturgesetz, das nicht mehr auf seine thermodynamische Umgebung angewiesen ist. Bezüglich der älteren philosophischen Debatten schimmert auch der universelle und (zunächst) überaus optimistische Zug kybernetischen Denkens durch. Zwar lässt sich das Naturgesetz der Entropie nicht leugnen, das alte Problem des *heat death* lässt sich jedoch unter Kontrolle bringen, wenn die Welt richtig decodiert – das heißt informationstheoretisch verstanden – und gesteuert wird. Mit kybernetischen Mitteln könnte das alte Problem, wie Ordnung zu etablieren und vor allem zu begründen sei, gelöst werden.

Der Schnittpunkt zwischen älteren und neueren Debatten ist der Systembegriff, der den Sprung von der Thermodynamik zur Informationstheorie überlebt und es ermöglicht, Entropie hier wie dort als Kenngröße zu verwenden. Zwar kennt die Physik eine recht klare Definition für »System«, Information ist allerdings zunächst ein abstraktes Konzept, das nicht ohne Weiteres empirisch dargestellt oder fixiert werden kann. Was also ein thermodynamisches System mit einem Kommunikationssystem verbindet, was die strukturelle Einheit »System« zusammenhält und was es von seinem Anderen unterscheidet, bleibt merkwürdig offen oder verdunkelt sich mit der unklaren Bedeutung von Information. Genauso wie die Analogie von Dampfmaschine und Welt der Verknüpfung des Zweiten Hauptsatzes mit dem entropischen Weltende zugrunde lag (beide sind

102 »[... the] nature's tendency to degrate the organized and to destroy the meaningfull, the tendency [...] for entropy to increase«, ebd., 38.

geschlossene Systeme und tendieren daher zur maximalen Entropie), stützt sich Wiener ebenfalls auf eine strukturelle oder metaphorische Ähnlichkeit. Organismen und Maschinen als die beschriebenen Inseln »stehen Chaos, Desintegration und Tod genauso gegenüber wie eine Nachricht dem Lärm bzw. Rauschen«.[103] Information ist also der Schlüssel zum Verständnis und die Handhabe gegen den Verfall der Welt. Sie ist indirekt proportional zu Entropie. Wenn Entropie ein Maß für Unordnung ist, folgt daraus unweigerlich, dass Information ein Maß für Ordnung sein muss.[104]

Damit ist das Gegensatzpaar Information und Entropie, Ordnung und Unordnung aufgestellt und der vormals thermodynamische Plot auf die Theorie der Information übertragen. Maximale Entropie, das heißt restlose Unordnung, bedeutet nur noch in zweiter Linie energetisches Gleichgewicht und Kältetod. Unordnung wird nun im Bild des Rauschens eingefangen: Ein breites, unspezifisches Frequenzspektrum, das ungeordnete Signale ohne Taktung, Sinn und Richtung produziert und aus dem kein Informationswert gewonnen werden kann. Nicht mehr die statistisch wahrscheinlichste Verteilung der Moleküle, der Endpunkt der Dissipation und das damit einhergehende energetische Gleichgewicht markieren den Moment absoluter Unordnung. Vielmehr sind es nun unspezifische, ungerichtete und damit informationsleere Signale, die chaotisch verknüpft sind und zufällig auftauchen, ein Kontinuum aller Frequenzen. Rauschen ist nicht decodierbar. Mit dieser neuen Prominenz von Signalen und Kommunikation wird bereits Ende der 1940er Jahre ein Erkenntniszusammenhang etabliert, der es möglich machen wird,

103 Im Original: »opposed to chaos, to desintegration, to death, as message is to noise«, ebd., 95.

104 »Just as entropy tends to increase spontaneously in a closed system, so information tends to decrease; just as entropy is a measure of disorder, so information is a measure of order«, ebd., 116.

knapp 50 Jahre später in einem euphorischen *Manifest des Cyberspace* den »Sturz der Materie« auszurufen. Die alte Gegenständlichkeit der Thermodynamik hat uns zwar mit der Dampfmaschine einige bahnbrechende Neuerungen gebracht, zugleich aber eine unaufhaltsame Verfallsperspektive. Die Lösung besteht also vermeintlich darin, die Welt nur noch von ihrer Digitalität her zu denken. Informationen schließlich sind in Wieners Lesart das, was Aktionen und Interaktionen eines Systems oder Organismus ermöglicht. Sie sind gerichtete und damit sinnvolle Signale und machen zudem aus einem geschlossenen ein offenes System.[105] Damit sind sie das genaue Gegenteil entropischen Rauschens.

Shannon, der immer wieder als Begründer der Theorie zitiert wird, hatte Information kurz vor Wiener als spezifischen Zustand freier Wahl definiert und mit Entropie verknüpft. Wiener greift diesen Gedanken auf, versteht aber unter Information etwas ganz anders: die Nachricht selbst, also die Ginsorte, die jemand dem Barkeeper ansagt oder die Null, die der Rechner statt einer Eins speichert. Mit Shannon ließe sich keine Brücke zwischen Wissenschaft und Weltgeschehen schlagen. Für ihn wäre Entropie im neuen digitalen Rahmen Unsicherheit (uncertainty), was für den jungen Erfinder der Einheit Bit wenig düster klingt. Erst Wiener, der Information zur Nachricht macht, formuliert den Gedanken,

105 Hinzu kommt, dass die Entdeckung zirkulierender Informationen den Gedanken nährt, dass Mensch und Rechenmaschine eigentlich nichts unterscheidet: »Es war der Moment, als die ersten rechnenden und programmierbaren Maschinen auftauchten und Fähigkeiten zeigten, die aufgrund der sonst üblichen, klaren Trennung von natürlichem Mensch und künstlicher Technik bisher als typisch menschlich betrachtet wurden: auf die eigene Umwelt reagieren, Entscheidungen treffen, Probleme lösen, lernen oder gar denken«, Athanasios Karafillidis: *Die Materie der Kybernetik. Über Kommunikation in organisch-mechanischen Verbindungen*, in: Behemoth. A Journal on Civilisation 10.1 (2017), 130–153, hier 134. Diese Deutung von Athanasios Karafillidis stimmt so nicht ganz, vielmehr tauchte die Überlegung erstmals auf, dass Rechenmaschinen entsprechende Kompetenzen alsbald haben könnten. Es handelte sich also um eine Prognose, nicht um eine tatsächliche Entdeckung.

dass Informationen im Kleinen wie im Großen dem entropischen Übel der Welt entgegentreten können. Die Menschheit müsse nur begreifen, eben diese Welt als nichts denn als Informationszirkulationen zu lesen.

Während Turing, Shannon und andere also tatsächlich eine technische Neuerung ungeahnter Potentialität auf den Weg bringen, kippt mit Wiener und der Kybernetik die Debatte schon recht früh ins Geschichtsphilosophische. Und die assoziativen weil nicht wirklich belastbaren Parallelen sind auffällig: Die Dampfmaschine verändert an der Schwelle vom 18. zum 19. Jahrhundert die Gesellschaft und sorgt indirekt für eine neue physikalische Perspektive, mit deren Hilfe alles erklärbar scheint – wenn auch mit wenig Aussicht auf Besserung. Digitale Rechenmaschinen haben etwa die gleiche Kraft zur Umwälzung und rufen ebenso eine Theorie ins Leben, die weit mehr Raum und Relevanz für sich in Anspruch nimmt, als nur formalisierte Umschrift der neuen Geräte zu sein.

Die heutige sogenannte Informationsgesellschaft basiert also nicht nur auf einer markanten technischen Neuerung, mit der es möglich ist, Nachrichten, Wissen oder was auch immer flexibel und blitzschnell durch Kanäle und durch die Luft zu schicken. Sie erwächst auch aus einem euphorischen Denken, das von sich behauptet, ein Mittel gegen das entropische Übel der Welt gefunden zu haben. Die Rede von Informationen zahlt also immer schon auf ein philosophisches, weltgeschichtliches Konto ein. Sie gleicht einer Weltformel und ermöglicht scheinbar eine wissenschaftliche Perspektive, mit der die Transzendenz kassiert und die Zukunft berechnet werden kann.

»Was ist das Geheimnis in der Evolution des Weltalls, unseres Sonnensystems und der Erde und der biologischen Evolution?«, fragt der Biophysiker Michail Wolkenstein kurz vor Ende des 20. Jahrhunderts. »In allen Fällen haben wir es mit der Schaffung neuer Information zu tun – seien es Galaxien und Sterne, Planeten, Faltengebirge oder biologische Arten.«[106] Das hat nichts mehr mit Shannon und Kommunikation oder mit Turing und seiner Maschine zu tun. Ganz offenkundig sind die semantischen Differenzen zwischen »Gott« und »Information« auf ein Minimum geschrumpft. Aus dem bitteren Geist der Entropie erwächst der Heilige Geist der Information.

106 Michail Wolkenstein: *Entropie und Information*, Berlin: Akademie Verlag, 1990, 197.

2. VEXIERSPIELE EINER UNIVERSALMETAPHER

Am Ende der 1940er Jahre macht sich also ein Wissen auf den Weg, das alles in eine binäre Logik zerlegt und die Materie nur als profanen Ausdruck verschiedener Schaltlogiken begreift. Während im langen 19. Jahrhundert Moleküle und ihre Bewegungen den Kern der Sache ausmachten und eine physikalische Theorie ins Werk setzten, die ganz nebenbei eine philosophische Erklärung für die schwerwiegenden Nebenwirkungen der Industrialisierung lieferte, erklären nun endlose Variationen von Null und Eins die Welt.

An einer solchen Morphologie hängt unweigerlich auch eine Vorstellung dessen, was Ordnung und Unordnung ausmacht. Wer die Welt in binäre Informationen zerlegt, kommt ihrer Struktur und damit ihrer Ordnung auf die Schliche und wird in der Lage sein, die Dinge in die richtigen Bahnen zu lenken. Von diesem wissensgeschichtlich bedeutsamen Moment an mäandriert das Denken in Informationen und ihrer Zirkulation durch die Geschichte und ist bis heute das Fundament des Wissens. Ein Film wie Luc Bessons *Lucy* aus dem Jahr 2014, auf den ich später ausführlicher eingehe, steht perfekt Modell für diese Ordnung der Dinge. Besson zerlegt filmisch Raum, Zeit, Subjekt und Wissen in binäre Informationsketten und entlarvt die Materie als basales Nebenprodukt.

Die erste euphorische Welle dieser neuen informationstheoretischen Ordnung des Wissens baut sich um die Kybernetik auf, die weltweit aufhorchen lässt. Wiener hatte den Begriff ins Spiel gebracht und damit eine Kontrolleuphorie entfacht.[107] Im Zusammenspiel mit den berühmten Macy-Konferenzen, bei denen zwischen 1946 und 1953 eine Reihe namhafter Forscher aus vielen unterschiedlichen Disziplinen aufeinander losgelassen werden,[108] bringt die Kybernetik ein Denken in Gang, das, so scheint es, mit allem bricht, was zuvor geschah. Sie hat eine philosophische und historische Antwort auf die Katastrophen der ersten Hälfte des 20. Jahrhunderts und kokettiert mit technischen Entwicklungen, die früher oder später die großspurigen Phantasien der Theoretiker bestätigen müssten. Im Zentrum aller Diskussionen steht – mal verdeckter, mal offen – die Idee der Information und ihre Steuerung. Dass wir es bei dieser Geschichte nicht mit einer unter vielen, nicht mit ein paar visionären Wissenschaftlern im Stimmengewirr des Wissens zu tun haben, verdeutlicht die Virulenz des Begriffs Information. Wenn das *Manifest des Cyberspace* Mitte der 1990er Jahre davon spricht, dass der »Sturz der Materie« das Ereignis des 20. Jahrhunderts schlechthin war, zeigt sich der lange Atem der Kybernetik eindrücklich. Ein solcher Sturz ist nur im Rahmen eines informationstheoretischen Settings denkbar, mit dem eine allgemeinere Schablone über die Dinge gelegt wurde. Hinzu kommen ausufernde militärische Hoffnungen, mit informationstheoretischen Modellen das menschliche Handeln vorausberechnen zu können.[109]

Der anfängliche Disput zwischen Shannon und Wiener, die gegensätzliche Begriffe von Information verwenden und dennoch in einem gut vergleichbaren Denkgebäude umherwandern, entscheidet sich recht schnell. Viele Kybernetiker und die mittlerweile zaghaft

107 *Kybernin* kommt aus dem Griechischen und bedeutet Steuermann.
108 Eine ausführliche Dokumentation zu den Konferenzen siehe Claus Pias (Hrsg.): *Cybernetics – Kybernetik. The Macy-Conferences 1946–1953 I. Transactions/Protokolle*, Zürich, Berlin: diaphanes, 2003 und Claus Pias (Hrsg.): *Cybernetics – Kybernetik. The Macy-Conferences 1946–1953 II. Essays & Documents/Essays & Dokumente*, Zürich, Berlin: diaphanes, 2004.
109 Vgl. u. a. Frank Schirrmacher: *Ego. Das Spiel des Lebens*, München: Blessing, 2013.

interessierte Öffentlichkeit können mehr mit Wieners antientropischem Begriff anfangen. Information als zeitlich eingehegten Moment freier Wahl zu interpretieren (Shannon), birgt eine gewisse Komplexität. Wieners Deutung von Informationen als Nachrichten, deren Gehalt letztlich immer auf Variationen von Null und Eins reduziert werden kann, spielt dagegen einer Popularisierung der Theorie in die Hände. Gleichzeitig schlägt er die Brücke zu den ersten Computern: »Ohne den Computer, ohne den elektronischen Funken, der zwischen Mensch und Maschine übersprang, wäre [die Informationstheorie] immer nur ein Modell geblieben, eine Theorie, die den Vorteil hatte [...], nichts anderes zu sein als das.«[110]

Die Euphorie um die neuen Rechenmaschinen und ihren wissenschaftlichen Überbau lässt sich recht einfach erklären. Mit ihrer rasant steigenden Leistungsfähigkeit können die Computer immer komplexere Prozesse und Operationen vollführen, obwohl sie am Kern der Sache beständig nichts anderes tun, als Nullen und Einsen zu verrechnen. Es ist vermeintlich nur eine Frage der Zeit, bis sie selbstständig denken und auch den dreidimensionalen Raum erobern. Die gesamte Komplexität der Wirklichkeit reduziert sich damit auf gleichsam endlose Variationen des immer gleichen Vorgangs: Informationen sortieren, verknüpfen und prozessieren. Auch der Mensch und sein Gehirn, so die in der Theorie verhandelte Überlegung, könnte sich als nichts anderes entpuppen. John von Neumann widmet solchen Überlegungen recht früh einige Aufmerksamkeit, aus denen 1958 das populärwissenschaftliche Buch *Die Rechenmaschine und das Gehirn* erwachsen.[111] Die Analogie zwischen Computer und Mensch ist offensichtlich und hat Konsequenzen: Wenn Denken nichts

110 Ebd., 30.

111 Vgl. John von Neumann: *Die Rechenmaschine und das Gehirn*, München: Oldenbourg, 1960.

anderes ist als Rechnen, kommt dem Menschen kein exklusiver Platz in der Schöpfung zu. Die gesamten metaphysischen oder theologischen Spekulationen werden Makulatur und wollen vor dem Hintergrund der Computer nichts mehr bedeuten. Sie sind die Nabelschau eines veralteten Denkens, das den Kern der Sache noch nicht begriffen hatte. Information wird naturalisiert. Sie steckt in allem und muss nur als das erkannt werden, was sie ist.

Die Überblendung von Mensch und Maschine wird schon früh konkret. Walter Pitts und Warren McCulloch etwa rechnen in den 1940er Jahren bereits hoch, wie leistungsfähig ein Computer sein müsse, um selbstständig denken und lernen zu können.[112] Sie bedienen sich eines Informationsbegriffs, der den Unterschied zwischen Syntax und Semantik, zwischen prozessierbaren Elementen und Bedeutung vollständig aufhebt. Damit schwimmen sie zwar ganz im Fahrwasser der wissenschaftlichen Euphorie, die sie umgibt. Zugleich stecken sie allerdings einen Bereich ab, der die Informationstheorie und ihre Gesellschaft bis heute beschäftigt und der die Aporien des entsprechenden Denkgebäudes sichtbar werden lässt.[113] Seit Wieners eindringlichem Appell, die Welt kybernetisch zu lesen, zirkuliert dieser Gedanke, der notorisch darauf beharrt, Berechnung und Bedeutung, Prozess und Sinn synonym zu verhandeln. Bis in die heutigen Debatten um Big Data, um das menschliche Gehirn, künstliche Intelligenz und intelligente Software lässt sich diese Linie verfolgen. Sie

112 Die Argumentationsstruktur findet sich hier: Warren S. McCulloch/Walter Pitts: *A Logic Calculus of the Ideas Immanent in Nervous Activitiy*, in: Bulletin of Mathematical Biology 52.1/2 (1990/1943), 99–115. Beide Autoren bedienen sich noch nicht eines binären Informationsbegriffs, beschreiben aber die Funktionsweise von Neuronen als »all or none«.

113 Auch J. C. R. Licklider – Entwickler des berühmten ARPA-Net, einem Vorläufer des Internets – verfolgt die Vision einer dichten, unmittelbaren Koppelung von Mensch und Rechner. Gemeinsam könnten beide komplexe Dinge steuern, J. C. R. Licklider: *Man-Computer-Symbiosis*, in: IRE Transactions on Human Factors in Electronics 1 (1960), 4–11, www.groups.csail.mit.edu/medg/people/psz/Licklider (Zugriff am 6. Mai 2017).

beginnt damit, den Unterschied zwischen formaler Berechnung und je subjektiver Bedeutung einzuebnen: »Die bis dahin nur Menschen zugeschriebene Eigenschaft der Intelligenz, die mit Beginn der 1920er Jahre sogar zum quantitativen Maß menschlicher Kapazität schlechthin gemacht worden ist, wurde also in ein technisches Problem überführt und damit herstellbar.«[114]

Auch Teile der Biologie sind vom informationstheoretischen Denken überaus angetan. Bereits 1953 vermelden zwei Mikrobiologen, James Watson und Francis Crick, mit dem »genetischen Code«, also der Doppelhelix der DNS, den Bauplan des Lebens entdeckt zu haben.[115] Allein die Verwendung des Begriffs Code ist auffällig, hatte dieser doch erst im Umfeld der Computer Sciences einen erkennbaren Bedeutungszuwachs erlebt. Die Entdeckung der Genstrukturen wirkt in dieser Zeit wie eine fulminante Bestätigung informationstheoretischer Überlegungen. Als Träger immaterieller Informationen, auf deren Grundlage oder Anweisung Fleisch und Blut erst in bestimmter Weise entstehen, bestätigt sie scheinbar die kybernetische Modellierung, die hinter allem steckt und – wenn die Forschung soweit ist – das materielle Supplement kontrollier- und steuerbar macht. Der Hype um die Computer und ihre Funktionslogik findet unter der Haut gewissermaßen ein mikrobiologisches Spiegelbild, was umgehend dazu führt, das »DNS-Molekül weltweit als eine Art winzigen kybernetischen Apparat zu betrachten [...], der mikroskopisch kleine Bits chemisch encodierter Daten speichere und verarbeite«.[116]

114 Karafillidis: *Die Materie der Kybernetik. Über Kommunikation in organisch-mechanischen Verbindungen*, 135.

115 Vgl. James D. Watson: *The Double Helix: A Personal Account of the Discovery of the Structure of DNA*, New American Library, 1969.

116 Roszak: *Der Verlust des Denkens*, 34. »Since the midtwentieth century, it has become increasingly common to speak of genes, proteins, and cells in terms of ›informatwion‹ and ›codes‹. As historians of science point out, the informatic view of genetics has its roots in the interdisciplinary exchanges between cybernetics and biology during the postwar period«,

In diesem Moment scheint der Gedanke bewiesen, dass Organismen nichts anderes sind als Maschinen: »Alles, was wir über Organismen lernen«, schreibt McCulloch 1955, »führt uns nicht nur zu dem Schluß, daß sie analog sind zu Maschinen, sondern zu dem, daß sie Maschinen sind. Vom Menschen gemachte Maschinen sind keine Gehirne, aber Gehirne sind eine bisher kaum verstandene Art der Rechenmaschine.«[117] Seither und bis heute ist es wie selbstverständlich möglich, davon zu sprechen, dass »nicht nur Gene, sondern auch Geist und Psyche ›programmiert‹ seien«.[118] Der Mathematiker Rudy Rucker, der 1987 ein viel beachtetes populärwissenschaftliches Buch namens *Mind Tools. The Five Levels of Mathematical Reality* veröffentlicht und dessen Schlusskapitel knackig *Everything is Information* heißt, beschreibt diese neue Selbstverständlichkeit gleich in der Einleitung. »Ihre Hand«, spricht er den Leser direkt an, »wurde auf Grundlage verschiedener Instruktionen gestaltet [designed], die in der DNS codiert sind. Die Länge dieser Instruktionen liefert ein Maß für die Menge an Informationen in Ihrer Hand. Während ihres Lebens ist Ihre Hand Gegenstand verschiedener zufälliger Einflüsse«, die Spuren hinterlassen. Es gebe auch einen Weg, diese Einflüsse informationstheoretisch zu vermessen. Er besteht darin, die Länge des kürzest möglichen Computerprogramms zu kalkulieren, das »alle möglichen Fragen über Ihre Hand beantworten kann«.[119] In seinem überaus optimistischen Buch *What Will Be: Die Zukunft*

Alexander R. Galloway/Eugene Thacker: *The Exploit. A Theory of Networks*, Minneapolis, London: University of Minnesota Press, 2007, 47.

117 Zitiert in Erich Hörl: *Das kybernetische Bild des Denkens*, in: Michael Hagner/Erich Hörl (Hrsg.): Die Transformation des Humanen. Beiträge zur Kulturgeschichte der Kybernetik, Frankfurt/Main: Suhrkamp, 2008, 163–196, hier 175.

118 Roszak: *Der Verlust des Denkens*, 36; Vgl. auch John C. Lilly: *Human Biocomputer. Programming and Metaprogramming*, New York: The Julian Press, 1967.

119 Rudy Rucker: *Mind Tools: The Five Levels of Mathematical Reality*, New York: Dover Publications, 1987, 4.

des Informationszeitalters verdichtet der griechisch-US-amerikanische Informatiker Michael L. Dertouzos die Dinge ganz ähnlich: »Ob nun Computerprogramme oder ein Mensch Informationen aufnimmt, umgestaltet oder ausgibt – stets ist das, was ausgeführt wird, *Informationsverarbeitung.*«[120]

Ein Begriff liefert also eine wahrlich umfassende Vorstellungswelt, mit der sich die Komplexität der Wirklichkeit auf das einfache Raster »Null und Eins« reduzieren lässt. Was die Computer zum Laufen bringt und der Entropie entgegenwirkt, steuert substanzlos auch die Körper und macht den materiellen Ausdruck zur bedeutungslosen Fassade. Die materielle Realität glibberiger Gehirnmasse, für die sich McCulloch und Pitts als Neurophysiologen und Kybernetiker der ersten Stunde interessieren, »ist allenfalls eine schlampige Instantiation der wahren Ideen einer reinen und schönen Schaltlogik auf die [...] ›Instrumente der Zeit‹«.[121] Der menschliche Denkapparat ist nur das lästige Objekt, der Fleisch gewordene Ausdruck von Informationsflüssen. Genauso ist der Körper nur materieller Abklatsch genetischer Informationen.

Diese geradezu antiphilosophische Denkspur macht in den 1950er und 1960er Jahren Karriere. Ein Grund dafür ist die Hoffnung, das entropische Trauma mit einer völlig anderen Form der Weltbeschreibung zu überwinden. Einen andern liefern die neuen Rechenmaschinen, die als Realfiktion die Theorie zu bestätigen scheinen oder dies zumindest in Kürze tun werden. Die Information als Schlüssel hilft dabei, großdimensionierte Debatten als veraltet abzutun und ein

120 Michael L. Dertouzos: *What Will Be: Die Zukunft des Informationszeitalters*, Wien: Springer, 1999, 76. Siehe auch Kevin Kelly: *Der zweite Akt der Schöpfung. Natur und Technik im neuen Jahrtausend*, Frankfurt/Main: Fischer, 1999.

121 Claus Pias: *Zeit der Kybernetik – eine Einstimmung*, in: Claus Pias (Hrsg.): Cybernetics – Kybernetik. The Macy-Conferences 1946–1953 I. Transactions/Protokolle, Zürich, Berlin: diaphanes, 2003, 9–42, hier 13.

neues Zeitalter zu begrüßen. Der sich in der Nachkriegszeit langsam entwickelnde kybernetisch-informationstheoretische Blick abstrahiert vollständig von der Differenz zwischen Wissenschaft und Ethik oder Politik. Wiener und die frühen Kybernetiker nehmen der Sache nach bereits vorweg, was erst einige Jahre später begrifflich eingefangen wird. In einem einflussreichen Vortrag diskutiert der englische Chemiker und Publizist C. P. Snow 1959 »zwei Kulturen«.[122] Auf der einen Seite die mathematisch-wissenschaftliche Intelligenz und auf der anderen die literarische. Damit bringt er eine bereits ältere Debatte und eine gefährliche Zweiteilung auf den Begriff, die es schleunigst zu überwinden gilt. Die beiden Versionen, Welt, Mensch und Technik zu ordnen, können, so Snow verkürzt, kaum mehr miteinander kommunizieren, weil sich die Ordnungen oder Sphären des Wissens, der jeweilige Erkenntnismodus zu weit voneinander entfernt hätten. Es existiere beispielsweise keine gemeinsame Sprache mehr zwischen Literat und Mathematiker. Was Snow mit zwei Intelligenzformen umschreibt, die sich bestenfalls gegenseitig positiv beeinflussen können, spielt bereits im Kontext der ersten Macy-Konferenzen eine wichtige Rolle. Die zwei Kulturen lassen sich als Welt der mathematischen Wissenschaft, des Berechen- und Steuerbaren hier und als jene von Kultur und Ideologie dort interpretieren; als Syntax auf der einen und Semantik auf der anderen Seite.

Das grundlegende Problem liegt in der Irrationalität oder Absurdität, im Unsinn von Ideologien, von gelebten Glaubens- und Wertstrukturen. Der gesamte Bereich von Norm und Ethik entwickelte im 19. und vor allem in der ersten Hälfte des 20. Jahrhunderts ungeahnte

122 Vgl. C. P. Snow: *Die zwei Kulturen. Rede–Lecture*, in: Helmut Kreuzer (Hrsg.): Die zwei Kulturen. Literarische und naturwissenschaftliche Intelligenz. C. P. Snows Thesen in der Diskussion, München: dtv, 1987, 19–58 und zur Debatte allgemein Helmut Kreuzer (Hrsg.): *Die zwei Kulturen. Literarische und naturwissenschaftliche Intelligenz. C. P. Snows Thesen in der Diskussion*, München: dtv, 1987.

Kräfte und führte die Welt bis in die Katastrophe: Das »auf Höherzüchtung und Ausmerzung ausgerichtete Menschenbild [führte sich] mit dem Holocaust ad absurdum«.[123] Unter dem Namen der »zwei Kulturen« wird also die gesamte Ordnung der Dinge verhandelt. Zur Diskussion stehen nicht nur verschiedene Weltbeschreibungen oder gar Meinungen (wissenschaftliche versus literarische). Vielmehr gerät der Ausgangspunkt des Wissens, der beobachtende und erkennende Mensch selbst, ins Wanken und soll von einer anderen Denkspur abgelöst werden. Die Lösung des Problems liegt in der Decodierung der Welt in endlose Ketten von Null und Eins. »Mit Zahlen werden jegliche Informationen dargestellt. Diese Zahlen werden durch die Ziffern 1 und 0 ausgedrückt.«[124] Das ist die Ursubstanz, und der »Wechsel vom Atom zum Bit [...] ist unwiderruflich und nicht mehr aufzuhalten«.[125] Als gäbe es keinen Unterschied zwischen Materie und digitalen Zeichen, ist nicht von Neuerungen, sondern von einem Wechsel die Rede. »McCullochs Entwurf neuronaler Netze jenseits der Unterscheidung von Menschen, Maschinen und Zeichen, Wieners gemeinsamer Raum der ›Regelung und Nachrichtenübertragung im Lebewesen und in der Maschine‹ oder Shannons statistisch generiertes Sprechen der Sprache selbst sind nur die prominentesten Beispiele von Formalisierung, Demystifizierung oder eben von Szenarien, in denen man nicht mehr gezwungen ist, ›den Menschen‹ zu denken.«[126] Stattdessen übernimmt die Information, weil auch das menschliche Denken nur eine Variation dieser Grundsubstanz ist. Ethische Fragen lösen sich dann ganz von allein in Luft auf, weil »richtig« mit »berechenbar« zur Deckung kommt.

123 Hörl: *Das kybernetische Bild des Denkens*, 9.

124 Dertouzos: *What will be*, 77.

125 Nicholas Negroponte: *Total digital: Die Welt zwischen 0 und 1 oder Die Zukunft der Kommunikation*, München: Bertelsmann, 1995, 11.

126 Pias: *Zeit der Kybernetik*, 16.

KybernEthik

In einem Text von 1972 versucht sich der Kybernetiker Heinz von Foerster an den Themen Kompetenz und Verantwortung.[127] Ausgangspunkt seiner Überlegungen ist »Maxwells Dämon«, ein physikalisches Gedankenexperiment. Was wäre, fragt James Clerk Maxwell, wenn es eine Entität, einen Dämon gäbe, der entgegen des Naturgesetzes der Dissipation, der Zerstreuung oder Vermischung, für Ordnung sorgen könnte? Zur Illustration beschreibt er zwei verbundene Behälter (A und B), von denen einer mit warmer und einer mit kalter Luft befüllt ist. Normalerweise durchmischen sich die Luftmassen recht schnell. Wenn aber ein »gate keeper« dafür sorgen könnte, »to allow only the swifter molecules to pass from A to B, and only the slower ones to pass from B to A«,[128] würde sich die Temperatur in einem der beiden Behälter kontinuierlich erhöhen und im anderen würde sie sinken. Die Folge wäre ein sich selbst ordnendes System. Diese Idee dient von Foerster als ethische Prämisse, als normativer Grundsatz. Nicht zufällig erklärt er Maxwells Ungeist zum »Schutzpatron« der Kybernetik und bedient damit eine Metapher aus dem Bereich der Transzendenz. Mithilfe des Dämons verbindet von Foerster die wissenschaftlich zu betrachtende »Regelung und Signalübertragung im Lebewesen und in der Maschine« mit Kompetenz, Verantwortung und Normativität.[129] Die Regulation von Informationsflüssen als grundsätzliches Prinzip ist Kern seiner gesellschaftstheoretischen Überlegungen und würde, wenn sie zur vollen Entfaltung käme, die Kompetenz bereitstellen, der Verantwortung des Menschen gegenüber sich, seinem Nächsten

127 Heinz von Foerster: *KybernEthik*, Berlin: Merve, 1993, 161ff.

128 James Clerk Maxwell: *Theory of Heat*, London: Longmans, Green, and co, 1877.

129 Vgl. Wiener: *Mensch und Menschmaschine*.

und dem Rest der Welt gerecht zu werden. Den Maßstab, mit dessen Hilfe von Foerster solche umfänglichen Grundsätze aufstellt, liefert das möglichst reibungslose Funktionieren eines Systems (die optimale »Entropieverzögerung«). Maxwells Dämon sollte sich, fordert von Foerster, mit dem Ziel universalisieren, »eine Weltgesellschaft zu bilden, die [...] kybernetisch funktioniert«.[130] Ein Regulierungsdämon als Idealtyp und die Entropieverzögerung als Rahmen liefern also eine normative Matrix und eröffnen ein universelles Panorama für »Kompetenz und Verantwortung«. Regelung wird zur Regel. Und Informationen sind die entscheidende Kenngröße.

Karl W. Deutsch, der bereits einige Jahre zuvor kybernetisches Denken auf Politik und ihre Wissenschaft anzuwenden versuchte, zielt, wenngleich mit weniger spitzer Feder, auf einen sehr ähnlichen Punkt ab. Eine kybernetische Theorie der Gesellschaft müsste »eine Brücke zwischen dem ›Sein‹ und dem ›Sollen‹ schlagen«.[131] Wenn es auf lange Sicht gelingen könnte, Prozesse des Regierens nicht als Problem der Macht, sondern als eines der Steuerung und damit der Informationsflüsse aufzufassen, würde man nicht nur klassische politische Ideologien mit ihrem überzeitlichen Geltungsanspruch verabschieden, sondern auch normative Ansprüche erfüllen. Die gesteuerte Integration einer »Vielfalt von Werten« wird zum Wert an sich und damit zum normativen Raster.[132] Auch hier zeigt sich im »richtigen« Verfahren ein Panorama optimaler oder optimierter Normen und Werte. Das »soziale Lernen« markiert das, was das »Sollen« beinhaltet, und die Aufgabe der Politik ist es schließlich, den Rahmen für eine optimale »Informationsbeschleunigung« herzustellen, da mithilfe perfektionierter kybernetischer

130 Foerster: *KybernEthik*, 173.

131 Karl W. Deutsch: *Politische Kybernetik. Modelle und Perspektiven*, Freiburg im Breisgau: Rombach, 1969, 29.

132 Ebd., 31.

Kommunikation Sein und Sollen, Tatsachen und Wertvorstellungen ununterscheidbar werden.

Von Foerster und Deutsch stehen exemplarisch für einen Diskurs, in dem die Informationstheorie mitsamt ihres »Paradigmas der Regelung« für gesellschaftstheoretische und normative Fragen adaptiert wird. Was anfänglich nur einigen avantgardistischen Denkern in den Sinn kam, wird spätestens in den 1960er Jahren einer breiten, nicht nur wissenschaftlichen Öffentlichkeit bekannt und soll eine umfassende Antwort auf die Krise der klassischen Moderne liefern, deren starre Normkonzeption letztlich in zwei Weltkriege führte.

Normative oder ethische Grundsätze zu formulieren, war Mitte des 20. Jahrhunderts mit einigen Schwierigkeiten behaftet. Die Informationstheorie als Kybernetik schließlich liefert einen neuen Maßstab, einen neuen kategoriellen Rahmen, innerhalb dessen es plötzlich möglich scheint, Werte und Ordnung neu zu begründen. Der Raum öffnet sich dafür, Normativität auf völlig neue, immanente und scheinbar wissenschaftlich begründbare Füße zu stellen und sie damit sowohl den Ideologien als auch dem Subjekt zu entreißen. Das entscheidende Element ist, dass die Norm im kybernetischen *Verfahren* begründet liegt und von der Sache abstrahiert. So entsteht eine auf Information basierende, allgemeine Theorie des Verfahrens, die selbst das normative Maß ist. Fortan wird es nicht mehr darum gehen, (nur) mithilfe systemischer Kommunikation wie Verfahren zur Erfassung der Mehrheitsmeinung bestimmte Normen ins Werk zu setzen. Das Verfahren selbst, an dessen Ende ein möglichst geringer Entropiewert steht, ist offenbar die Norm.

Aus einem ubiquitären Modellierungsanspruch heraus begründet sich also weit mehr als eine Technik zur Signalübertragung.[133] Von

133 Die Kybernetik teilt sich allerdings in einige Forschungsrichtungen oder Positionen auf. Vor allem die »Kybernetik zweiter Ordnung« beansprucht, tatsächlich substantiell Neues

Foerster bebildert und vereinfacht zugleich sprachlich die Logik dahinter mit Maxwell. Die Euphorie um Informationen, Schaltalgebra, Feedback und deren Materialisierung in Form von Computern nimmt also eine weitere Hürde und begründet selbst und scheinbar immanent Normen und Regeln. Wie erwähnt haben wir es nicht mit randständigen Freaks oder Visionären zu tun. Dieter Senghaas konstatiert bereits 1966 den »Brückenschlag von der Kybernetik zu den Gesellschaftswissenschaften«;[134] jedenfalls als Denkspur verknüpfen sich die informationsgeleitete Steuerungswissenschaft und Ethik zu »KybernEthik«, wie von Foerster die Entwicklungen begrifflich zuspitzt.[135]

Die Fokussierung auf das Verfahren selbst, das zur Begründung von Normen jenseits vorgelagerter, stabiler Setzungen und Prämissen herhält, verbleibt nicht im Dunstkreis der Kybernetik. Auf verschiedenen Wegen findet die Rekonfiguration eines rein immanenten Normgerüsts auch Eingang in politische Theorien und Soziologien, die selbst nicht unmittelbar kybernetisch argumentieren. Niklas Luhmann etwa schreibt in *Legitimation durch Verfahren*: »Wie typisch für alle Systeme elementarer Interaktion unterliegen die jeweils konkret fungierenden Normvorstellungen laufender Revision.« Der nötige Konsens über diese wechselnden Vorstellungen ist immer dann herstellbar, wenn »nur die Beteiligten [eines Systems] als Partner intakt, bei der Sache und verhandlungsfähig bleiben«.[136] Der möglichst reibungslose Informationsfluss stellt also permanent wandelbare

zu argumentieren, vgl. Foerster: *KybernEthik*, 60ff. Zur Vielfalt kybernetischer Forschungen bzw. Forschungsrichtungen vgl. u. a. Pias: *Zeit der Kybernetik*; Manfred Faßler: *Cyber-Moderne. Medienevolution, globale Netzwerke und die Künste der Kommunikation*, Wien, New York: Springer, 1999, 78ff.

134 Dieter Senghaas: *Kybernetik und Politikwissenschaft*, in: Politische Vierteljahresschrift 2 (1966), 252–276, hier 267.

135 Foerster: *KybernEthik*.

136 Niklas Luhmann: *Legitimation durch Verfahren*, Darmstadt: Neuwied, 1969, 47.

normative Register bereit. Die vielleicht beängstigende Instabilität von Normen wird durch konsensuale Kommunikation, also durch ungehindert zirkulierende Informationen, aufgefangen. Damit befindet sich Luhmann nicht weit weg von Deutschs »sozialem Lernen«. »Man muss (und kann) die Normen nach Maßgabe der Tatsache des Falls aussuchen und auslegen und ebenso umgekehrt die Tatsache nach Maßgabe der Normen.«[137] Zwar ist an dieser Stelle das Verfahren nicht explizit die Norm selbst wie bei Deutsch. Der systemische Rahmen, der das Verfahren bereitstellt, markiert dennoch eine »Norm zweiter Ordnung«, da seine Herstellung die Bedingung dafür ist, jene fluiden Normen erster Ordnung zumindest zeitweilig zur Geltung zu bringen. Ordnungs- und Wertkonzepte ändern sich radikal, wenn die übergeordnete verfahrenstechnische Norm die konkrete Anwendung von Normen bestimmt und zeitlich flexibilisiert. Ihr Geltungsanspruch besteht nur noch auf Abruf; sie unterliegen einer permanenten Korrektur. Normativität, also die ethische Bewertung eines Zustands oder einer Situation, wird dann nur mehr just in time von fluiden Informationsflüssen produziert und nur für den je gültigen Systemzustand angewendet. »Die Idee informationstheoretischer Komplexität als höchstes Gut«, verdichtet Rudy Rucker punktgenau, »durchdringt die postmoderne Ethik und führt zu einem ständig wachsenden Pluralismus.«[138] Oder, und diese Tendenz ist aktuell ziemlich auffällig, zu wachsender Beliebigkeit.

Die Verknüpfung von informationstheoretischer Modellierung in Feedbackschleifen, von Verfahren und Norm hat an vielen Stellen Widerhall gefunden. Jürgen Habermas' Diskursethik etwa lässt sich ebenso darauf abklopfen, in welcher Form und mit welchen Konsequenzen das (deliberative) Verfahren selbst als normatives Gerüst

137 Ebd., 71.

138 Rucker: *Mind Tools*, 35.

funktioniert.[139] Insgesamt scheint jene Epoche, die Postmoderne oder wahlweise Informationsgesellschaft heißt, vom göttlichen Funken der Information normativ beseelt. »Wer das Urteilsvermögen in [statistische] Objektivität hüllt«, fasst Hacking treffsicher zusammen, »der ersetzt die Urteilskraft durch Berechnung«.[140] Oder unkritisch: »Gerechtigkeit [ist] keine Frage von Inhalten, sondern von gerechten Verfahrensregeln.«[141]

Wie diese Entwicklungen zu beurteilen sind, ist umstritten. Teils werden Gesellschaften als Realisierung eines bürokratiearmen, von »kybernetischen Theorien der Information« getragenen »Utopismus« skizziert, der in den 1960er Jahren im Umfeld der Counterculture seinen Anfang nahm und sich von dort zum Cyberspace vorgearbeitet hat.[142] Teils werden normativ imprägnierte Einwürfe laut, Politik und Gesellschaft seien im Zuge ihrer Kybernetisierung zur reinen Systemverwaltung erodiert.[143] Die Zählebigkeit kybernetischer Denkmuster und die vielen Versuche, normative Kriterien allein über die immanente Zirkulation abzusichern (Mehrheiten, Tests und Feedback) verdeutlichen, dass der Heilige Geist der Information ein neues epistemisches Fundament nicht zuletzt für normative

139 »In der Diskursethik tritt an die Stelle des Kategorischen Imperativs das *Verfahren* der moralischen Argumentation«, Jürgen Habermas: *Erläuterungen zur Diskursethik*, Frankfurt/Main: Suhrkamp, 1991, 12, H. d. A.

140 »By covering opinion with a veneer of objectivity, we replace judgement by computation«, Hacking: *The Taming of Chance*, 4.

141 Karin Priester: *Rechter und linker Populismus. Annäherungen an ein Chamäleon*, Frankfurt/Main: Campus, 2012, 28.

142 Fred Turner: *From Counterculture to Cyberculture. Stewart Brand, the Whole Earth Network, and the Rise of Digital Utopianism*, Chicago, London: University of Chicago Press, 2006, 238.

143 Vgl. u. a. Jacques Rancière: *Das Unvernehmen. Politik und Philosophie*, Frankfurt/Main: Suhrkamp, 2002; Paul Virilio/Philippe Petit: *Cyberwelt, die wissentlich schlimmste Politik*, Berlin: Merve, 2011; Tiqqun: *Kybernetik und Revolte*, Berlin, Zürich: diaphanes, 2007; Felix Stalder: *Kultur der Digitalität*, Berlin: Suhrkamp, 2016, 225ff.

Fragen geliefert hat. Wer Wahlen verliere, habe etwas falsch gemacht, kommentiert der damalige stellvertretende SPD-Fraktionschef im Bundestag Axel Schäfer eine Landtagswahl im Sommer 2016, bei der seine Partei einige Stimmen verlor.[144] Was im Testverfahren durchfällt, kann nicht richtig sein. »Als Teil unserer laufenden Qualitätsüberprüfungen«, erklärt Facebook-Chef Mark Zuckerberg Anfang 2018, »werden wir die Leute nun fragen, ob sie eine Nachrichtenquelle kennen – und wenn ja, ob sie ihr vertrauen.«[145] Damit will das Unternehmen Falschmeldungen und die »Sensationsgier« in den Griff bekommen. Wem viele vertrauen, der muss gut und wahrhaftig sein, so die Logik. Was Qualität hat, lässt sich auszählen.

Der Ausgangspunkt dieser Debatten ist ein neuer, unstofflicher Informationsbegriff, der scheinbar alles steuert und sogar die alten, verbissen geführten Verhandlungen zum richtigen Leben neu einpreist. Man erkennt in diesem Versuch, Philosophie und Normativität auf den Boden des Berechenbaren zu holen, relativ leicht, dass sich ein technisches Denken ins Religiöse vortastet. Die Maschine als heimlicher Gott. Ähnlich wie die Thermodynamik, die in der zweiten Hälfte des 19. Jahrhunderts zur Quasiphilosophie umfunktioniert wurde und sich im Zeitgeist ausbreitete, kippt auch die Informationstheorie zunächst unter dem Namen Kybernetik ins Popkulturelle. Martin Heidegger sieht die Philosophie an ihrem Ende angelangt: Er »sprach, wie er das in jenen Tagen auch bei vielen anderen Gelegenheiten tat, in der Hauptsache über die Kybernetik, die ihm nicht allein als *das* ›Kennzeichen des Endes der Philosophie‹ am geschichtlichen Horizont erschien, sondern präzise als Gipfelpunkt der langen Dauer der

144 In der Sendung *Kontrovers* im Deutschlandfunk am 15. Mai 2016.

145 www.spiegel.de/netzwelt/web/facebook-nutzer-sollen-glaubwuerdigkeit-von-medien-bewerten-a-1188926 (Zugriff am 20. Januar 2018).

philosophischen Auslegung des Denkens schlechthin«.[146] Religionsphilosophen wie Hans Reinhard Rapp in Deutschland oder Alan Watts in den USA beginnen, Gott neu und gewissermaßen digital zu denken.[147] Und populärwissenschaftliche Bücher zur Kybernetik schießen wie Pilze aus dem Boden.[148]

Schließlich sind auch weite Teile der US-amerikanischen Gegenkultur von einem informationstheoretischen Denken infiziert,[149] das im LSD-Rausch die graue Theorie ablegt und bunte, bewegliche Bilder entwickelt. Mit dem Kurzschluss von Subjekt und Welt, das heißt mit der Überbrückung der je individuellen Deutung und einem direkten (psychedelischen) Zugang zur Sphäre zirkulierender Informationen müsse sich ein Reich der Freiheit etablieren und die alte Gesellschaft genauso wie der alte Mensch überwinden lassen. »Psychedelika waren ein wichtiges Bindeglied von Cyberculture und Gegenkultur«, erzählt Howard Rheingold, Achtundsechzigeraktivist, der den Begriff »virtual community« prägte.[150] Der Star der psychedelischen Bewegung, Timothy Leary, ist bereits in seinen frühen Schriften von Digitalisierung und Elektronik fasziniert. Er beschreibt den LSD-Rausch als einen »Anzug aus Strom«, der den Einzelnen mit dem Kosmos zirkulierender Informationen zusammenführt. Die unmittelbare Verbindung zwischen Gehirn und Universum ist

146 Hörl: *Das kybernetische Bild des Denkens*, 163.

147 Hans Reinhard Rapp: *Mensch, Gott und Zahl. Kybernetik im Horizont der Theologie*, Leinen: Furche, 1967 und Alan Watts: *Kosmologie der Freude*, Darmstadt: Melzer, 1972/1962.

148 Etwa Helmar Frank (Hrsg.): *Kybernetik – Brücke zwischen den Wissenschaften*, Frankfurt/Main: Umschau, 1964; Oskar Jursa: *Kybernetik, die uns angeht. Aktuelles Wissen*, hrsg. v. Rüdiger Proske, Gütersloh, Berlin, München, Wien: Bertelsmann-Lexikon-Verlag, 1971; Rolf Lohberg/Theo Lutz: *Keiner weiß was Kybernetik ist. Eine verständliche Einführung in eine moderne Wissenschaft*, Stuttgart: Kosmos, 1970.

149 Siehe u. a. Turner: *From Counterculture to Cyberculture*, Jay Stevens: *Storming Heaven. LSD and the American Dream*, New York: Harper und Row, 1988; Lutz Dammbeck: *Das Netz. Adorno, LSD und Internet – Dokumentarfilm*, Berlin: Absolut Medien, 2006.

150 Howard Rheingold: *»Wir wollten den Geist erweitern«*, in: taz, 3. Juni 2017, 20.

nicht nur für ihn das revolutionäre Moment, mit dem sich alles ändern werde. Später, wenn die psychedelische Revolution bereits verloren ist, wird sich Leary nicht zufällig leidenschaftlich für den Cyberspace einsetzen und den vollständigen Upload des Individuums herbeisehnen.[151] Der PC sei »ein Verstärker des Geistes«. Es sei zwar »anders als Psychedelik«, die in den späten 1960er Jahren schon massiv unter Prohibitionsdruck geraten war. Der Computer sei »aber ebenfalls eine Art, das menschliche Potenzial zu erweitern«, erläutert Rheingold.[152]

Die schöne neue Welt der Information wird freilich immer von Kämpfen und Widerständen begleitet. Ab Ende der 1960er Jahre bekommt die Fassade erste deutliche Risse. Die Computer sind bereits sehr schnell. Ihre Geschwindigkeit und ihr Speichervolumen liegen weit über der Marke, die etwa Pitts und McCulloch als jene magische Grenze angenommen hatten, ab der die Rechenmaschinen selbstständig prozessieren, also autonom lernen und sich weiterentwickeln dürften. Und dennoch sind die Computer so dumm wie zuvor. Sie rechnen zwar, interpretieren oder deuten ihre Ergebnisse allerdings nicht. Sie tun nur, was ihnen aufgetragen wird. Anders formuliert: Sie prozessieren Informationen anhand einer bestimmten und von Menschen eingegebenen Syntax. Mit der Bedeutung, der Semantik, den Ergebnissen können sie nichts anfangen.

151 In den frühen 1990er Jahren geht Leary auch in Deutschland nochmals auf Tour. Jetzt bezeichnenderweise unter dem Label »From Psychedelics zu Cybernetics«, siehe www.youtube.com/watch?v=YsZ-jwJORiA (Zugriff am 14. August 2015). Neben Leary dominieren zudem die *Marry Pranksters* um den Schriftsteller Ken Kesey die psychedelische Szenerie. Auch in diesen Zusammenhängen spielen technische und kybernetische Phantasien eine herausragende Rolle, die nur oberflächlich quer zum Charme der Blumenkinder liegen (vgl. Robert Feustel: *»Ein Anzug aus Strom«. LSD, Kybernetik und die psychedelische Revolution*, Wiesbaden: Springer, 2015).

152 Rheingold: *»Wir wollten den Geist erweitern«.*

Die Frage ist also, ob die Informationstheorie tatsächlich geholfen hat, »die Mauer zwischen der großen Welt der Physik und dem Ghetto des Geistes abzureißen«.[153] Oder ist die Idee einer mathematischen Universalsprache, mit der alles in eine binäre Logik zerlegt werden kann, doch nur ein Phantasma? Die Diskussionen dazu laufen in den 1960er Jahre auf Hochtouren. Hans Magnus Enzensberger bringt sie als rhetorische Frage auf den Punkt: »Ist die moderne Mathematik [...] ein Bereich des Denkens, der im Gegensatz zu offenbar allen anderen Bereichen nicht zeitbedingter ›Ausdruck‹ ist, nicht Sublimierung oder Widerspiegelung, also nicht gesellschaftliche, sondern reine Wahrheit, einzig einer apriorischen, menschlichen-übermenschlichen Natur verpflichtet?«[154] Ist die Decodierung der Welt als Verkettung binärer Informationen tatsächlich jenseits der Geschichte und jeder Deutung? Bringt sie tatsächlich Erkenntnis und Welt zur Deckung? Die Computer jedenfalls lassen Zweifel aufkommen, weil es ihnen trotz guter Rechenleistung nicht gelingt, den Bereich des einfachen Prozessierens zu verlassen. Anhand der neuen Geräte lässt sich also nicht zeigen, dass das menschliche Denken auch nur ein Rechenprozess ist. »Die Theorie über die kybernetische Erzeugung von Texten«, verdeutlicht Enzensberger das Problem, »werden von den praktischen Ereignissen auf diesem Gebiet blamiert wie ein stolzer Vater von seinem minderbemittelten Sohn. Der Sohn mag noch lernen, gewiß. Die Automaten lernen bekanntlich excellent, nur offenbar nicht dichten.«[155]

Gut 25 Jahre nach dem Startschuss werden also Zweifel wach, ob die Informationstheorie tatsächlich die Antwort auf alle vormals philosophischen Fragen bereitstellt. Was sich noch in den 1940er und

153 McCulloch, zitiert in Hörl: *Das kybernetische Bild des Denkens*, 175.

154 Hans Magnus Enzensberger: *Anmerkungen der Redaktion*, in: Kursbuch 8 (1967), 189–191, hier 190.

155 Ebd., 190f.

1950er Jahren mit einer Wette auf die Zukunft der Computer stabilisieren ließ, kommt nun ins Wanken. Das fulminante Scheitern der US-amerikanischen Counterculture tut ihr Übriges. Auch dort waren die Hoffnungen hochtrabend und eng an eine geschichtsphilosophisch ausgewalzte Informationstheorie gebunden. Auch dort hatte der Funke nicht gezündet, weil der psychedelische Rausch keine allgemeingültige Erfahrung der Intersubjektivität hatte auslösen können. Und wenn das Subjekt doch aus seinem Ghetto des Geistes ausbrach, dann nur solange die Wirkung des LSD anhielt.[156] Sobald die psychedelische Entrückung nachließ, kehrte die Banalität des Subjektiven und damit die alte fehlerhafte Welt von Sprache und Deutung zurück.

Nachdem die Informationstheorie als Kybernetik also etwa zwei Jahrzehnte auf einer Euphoriewelle schwamm, nachdem sie versprochen hatte, den entropischen Verfall aufhalten zu können, nachdem sie populärwissenschaftliche Erklärungen für schlechterdings alles hervorbrachte,[157] die Materie als eigentlich irrelevanten Ausdruck einer dahinterliegenden Wahrheit vermeintlich entzauberte, an einer »Brücke zwischen den Wissenschaften« und zwischen Wissenschaft und Religion werkelte,[158] sich auf dem besten Weg wähnte und es schließlich bis auf die Titelseiten von Frauenmagazinen schaffte, verschwindet sie Ende der 1960er Jahre recht plötzlich aus der Öffentlichkeit – nicht zufällig etwa zeitgleich mit der psychedelischen Revolution.

156 Zur Intersubjektivität als Phantasma des psychedelischen Rauschs siehe u. a. Tom Wolfe: *The Electric Kool-Aid Acid Test. Die legendäre Reise von Ken Kesey und den Merry Pranksters*, München: Heyne, 2009/1968, 88, 156f.

157 Etwa Lohberg/Lutz: *Keiner weiß was Kybernetik ist.* Diese essayistisch formulierte Einführung seziert u. a. einen Gesangsverein, ein Heizungsthermostat und die Einzelhaft auf die gleiche Weise: informationstheoretisch.

158 Frank: *Kybernetik.*

Das Ende des Pomps bedeutet allerdings nicht, dass logische oder philosophische Einwände plötzlich mehr Gewicht erhalten hätten. Mit der Rechenmaschine im Rücken und futuristischen Visionen vor Augen, die den Menschen alsbald in einer anderen Umlaufbahn vermuteten, lässt sich deutlich besser für Aufsehen sorgen. Zwar hatten die Computer nicht reagiert wie erhofft, und die Informationstheorie musste fürs Erste zurückstecken. Aber das konnte ja immer noch ein Mangel der Technik sein, deren weitere Verbesserung die Argumentation schon noch bestätigen würde. Schließlich verschwindet auch nicht die Informationstheorie, sondern nur ihre über die Maßen populäre und auf Hochglanz polierte Oberfläche: die Kybernetik. »Oder besser: Ihr erster Körper ist irgendwann [nach längerer Agonie] in den späten 1970ern gestorben, um dann als Gespenst wiederzukehren und überall zu spuken.«[159]

Von diesem Moment an entwickeln sich die Information und ihre Theorie still, aber unaufhaltsam. Nachdem der Hype um die Blumenkinder in Haight & Ashbury und anderswo vorüber ist, verschiebt sich die schon von einer digitalen Avantgarde des Silicon Valley unterwanderte Counterculture und mutiert zur Cyberculture. Der *Whole Earth Catalog*, so etwas wie der papierne Vorläufer von Google, erscheint erstmals 1968. Gemacht von Leuten wie Stewart Brand aus dem direkten Umfeld der drogenaffinen Gegenkultur.[160] Fred Turner hat dieser Verschiebung ein ganzes, leider etwas zu optimistisches Buch gewidmet.[161]

159 Claus Pias: *Das digitale Bild gibt es nicht. Über das (Nicht-)Wissen der Bilder und die informatische Illusion*, in: zeitenblicke 1 (2003), www.zeitenblicke.de/2003/01/pias/pias.pdf, 13 (Zugriff am 20. September 2018).
160 Stewart Brand (Hrsg.): *Whole Earth Catalog. Access to Tools*, o. O., 1968. Siehe auch Stewart Brand: *We Owe It All to the Hippies*, in: Time, special issue spring (1995).
161 Turner: *From Counterculture to Cyberculture.*

In den Universitäten war die Kybernetik nie zur seriösen Wissenschaft gereift. Dafür hätte sie noch ein paar Jahre gebraucht. Schließlich handelt es sich um alte, teils festgefahrene Einrichtungen, die traditionell einige Zeit brauchen, um Neuerungen zu verarbeiten. Ende der 1960er Jahre verschwindet ihr Name allerdings fast völlig – nur die Biokybernetik hat ihn über die Zäsur von Achtundsechzig retten können. Dafür mag es viele Gründe geben. Die Großspurigkeit der weltgeschichtlichen und philosophischen Versprechen ist einer davon.

Im Schatten dieses Bruchs werkelt die Informationstheorie allerdings munter weiter und läuft in genau den Hafen ein, der für die Kybernetik noch verschlossen geblieben war: die Akademie. 1967 führt die TU München als erste deutsche Hochschule einen Studiengang namens Informatik ein. Der Begriff geht auf den glühenden Kybernetiker Karl Steinbuch und dessen Schrift *Informatik: Automatische Informationsverarbeitung* zurück und wird häufig als Neologismus aus Information und Automatik oder Information und Mathematik interpretiert.[162] 1969 gründet sich schließlich die *Gesellschaft für Informatik* als Dachverband. In anderen Ländern ist die Lage ähnlich. In den USA etwa gibt es zwar einen feinen Unterschied zwischen den eher praxisorientierten Computer Sciences und der theoretisch weitergefassten Information Science; und beide verweisen selbstverständlich auf längere Linien. Doch gerade 1968 benennt sich das altehrwürdige *American Documentation Institute* in *American Society for Information Science* um und folgt damit auffällig dem Zeitgeist. Das passende Motto könnte lauten: Die Kybernetik ist tot. Es lebe die Kybernetik – im Gewand der Informationstheorie.

162 Karl Steinbuch: *Informatik: Automatische Informationsverarbeitung*, Heft 4, SEG-Nachrichten, 1957. Steinbuch hatte 1961, ganz im Sinne Wieners, eine für jene Zeit fast typische Schrift veröffentlicht, mit der ebenfalls die unmittelbare Verwandtschaft von Mensch und Maschine nachgewiesen werden sollte, Steinbuch: *Automat und Mensch. Kybernetische Tatsachen und Hypothesen*, Berlin: Springer, 1963.

Syntax oder Semantik?

Nicht nur die Faszination Computer und die anstehende Digitalisierung rettet sich so über die Zäsur von Achtundsechzig. Auch die Aporien des Informationsbegriffs werden in immer neue Diskussionsschleifen geschickt, während sich gleichzeitig die Rechenmaschinen und die dazugehörigen Algorithmen prächtig entwickeln. Wie es sich für eine seit den 1970er Jahren etablierte Wissenschaft geziemt, beschäftigt sie sich intensiv mit ihren begrifflichen Voraussetzungen. Sie versucht es jedenfalls. In der Folge dieser theoretischen Selbstbespiegelung sind eine Reihe an präzisierten Informationsbegriffen aufgekommen, die – um es vorweg zu nehmen – das ganz grundsätzliche Dilemma nicht haben umschiffen können. Und von einer Einigung, also von einem auch nur halbwegs konzisen Begriff, kann bis heute keine Rede sein. Genau genommen kann die Informationstheorie zwei Fragen nicht beantworten: Ist Information, wie bereits angedeutet, nur syntaktisch und wird einfach prozessiert oder tilgt sie – Datenmassen und hohe Rechenleistungen vorausgesetzt – tatsächlich den Unterschied zur Semantik? Die zweite Frage tangiert eine scheinbar logische Konsequenz aus der Universalisierung von Information. Wenn sich alles in Null und Eins zerlegen lässt, wenn die Materie hinter den sie konstituierenden Informationen verschwindet, sind letztere dann ein Element der Natur? Kann der Signifikant Information tatsächlich naturalisiert und damit von jeder Form menschlicher Deutung oder Sinngebung gelöst werden? Wir haben es also immer noch mit großspurigen Einwänden zu tun.

Die Frage nach Syntax und Semantik stellt sich bereits recht früh. 1953 veröffentlichen der israelische Mathematiker und Philosoph Yehoshua Bar-Hillel und sein deutscher Kollege Rudolf Carnap, der seit 1935 in den USA weilt, einen Text mit dem Titel *Semantic Information.* Sie prägen damit eine Phrase, die bis heute nachhallt und deren philosophisches Problem nach wie vor virulent ist. »Das Maß [Information], wie es etwa von Shannon definiert wurde, hat nichts mit der Frage zu tun, was die Symbole bedeuten, sondern nur mit ihrer Frequenz.«[163] Völlig zu Recht heben die Autoren hervor, dass für Shannon Informationen nichts im engeren Sinn des Begriffs »bedeuten«. »Es handelt sich explizit um eine Theorie der ›Signale‹ und nicht ihrer ›Aussagekraft‹ oder Bedeutung.«[164] Im Kontext der frühen 1950er Jahre sind sie ein technisches Vehikel, deren Transport über große Distanzen im Fokus steht. Die Verknüpfung mit Semantik ist also ein philosophisches Unterfangen großen Maßstabs; Bar-Hillel und Carnap versuchen, die Angelegenheit durchzurechnen. Mit einer Mischung aus Wahrscheinlichkeitstheorie und Logik soll es gelingen, Signale anhand ihrer Abgrenzungsbeziehungen semantisch dingfest zu machen. Von heute besehen mag das eigenwillig klingen, weil Informationen implizit als gehaltvoll und damit als semantisch gelten. Dass es draußen regnet, ist zweifellos eine Information mit Bedeutung. Doch so einfach ist es nicht, weil sich fragen lässt, welche Bedeutung diese Information hat und vor allem für wen. Semantik kann zwar vieles meinen, im Kern ist sie dennoch die Lehre von der Bedeutung der Zeichen. Endlosen Kombinationen von Null und Eins *an sich*, also ohne deutendes Subjekt Bedeutung zu unterstellen, ist ein gewagter Versuch. In den 1950er Jahren ist genau diese Frage noch schwer umstritten, und der Begriff ist noch kein Allgemeinplatz. Prozessierbare Elemente, technische Signale

163 Im Original: »The measures as defined, for instance, by Shannon, have nothing to do with what these symbols symbolise, but only with the frequency of their occurrence«, Yehoshua Bar-Hillel/Rudolf Carnap: *Semantic Information*, in: The British Journal for the Philosophy of Science IV.14 (1953), 147–157, hier 147. Siehe auch Yehoshua Bar-Hillel/Rudolf Carnap: *An Outline of a Theory of Semantic Information*, Techn. Ber., Massachusetts Institute of Technology, Research Laboratory of Electronics, 1952.

164 Im Original: »It was explicitly a theory of ›signals‹ and not of ›significance‹«, Peters: *Information*, 17.

mit Bedeutung und Sinn kurzzuschließen, stellt die Frage der Deutungshoheit und drängt, zunächst vielleicht eher unabsichtlich, den Menschen aus dem Zentrum des Wissens.

Wenn Informationen für sich genommen bedeutend sein können, braucht es kein Subjekt, kein deutendes Individuum mehr, um Sinn zu antizipieren. Er ist bereits in den Dingen, in den Informationen selbst abgelegt und harrt nur noch seiner Entdeckung. Damit liegt die Wahrheit der Welt nicht mehr in den Augen der Betrachter und in deren sprachlicher Verständigung. Vielmehr sind sie nur noch Beobachter (bisweilen auch zweiter Ordnung)[165] zirkulierender Informationen. Letztere als an sich bedeutend zu verhandeln, ist andererseits folgerichtig. Gerade die philosophische Großspurigkeit der Kybernetik legt schließlich nahe, dass man das Denken auch ohne den Menschen denken kann. Wenn die Welt eigentlich nur aus zirkulierenden Informationen besteht, deren bloßer Ausdruck alles Materielle oder Menschliche ist, dann erübrigt sich die Differenz von Syntax und Semantik von selbst. Insofern folgen Bar-Hillel und Carnap nur der Spur, die Wiener ausgelegt hat. Die Kybernetik maßt sich explizit oder implizit an, das Ende der Philosophie und der Metaphysik einzuläuten, was sich in der Vorstellung an sich semantischer Informationen verdichtet.

Am Ende läuft der Versuch, diesen semantischen Gehalt zu errechnen, auf ein ebenso amüsantes wie vielsagendes Paradox hinaus: Die mathematische Modellierung provoziert einen Grenzwert, an dem die Berechnungen augenscheinlich unsinnig werden. Je präziser eine Aussage, umso höher ist ihr berechenbarer Informationsgehalt – soweit die Theorie in groben Zügen. Die Konsequenz ist allerdings, dass

165 Vgl. zur Kybernetik zweiter Ordnung: Heinz von Foerster: *Zirkularität. Die Anfänge einer Epistemologie der Verantwortung*, in: Claus Pias (Hrsg.): Cybernetics – Kybernetik. The Macy-Conferences 1946–1953 I. Transactions / Protokolle, Zürich, Berlin: diaphanes, 2003, 19–26.

dann tautologische Aussagen einen Maximalwert erreichen. Formulierungen wie 1 = 1 oder »Wasser ist nass, weil Wasser nass ist« sind in diesem Modell maximal semantisch informativ. Das widerspricht freilich jeder menschlichen Intuition und allen bis dato überlieferten und für halbwegs tauglich erklärten Vorstellungen von Bedeutung. Es schließt zugleich aus, dass 16 = 1 in irgendeinem Kontext jemals etwas bedeuten könnte.[166] Von diesem Punkt aus lässt sich feststellen, dass »der am stärksten mit Sinn aufgeladene Text sich für diese Analyse [jener Struktur der Sprache im Allgemeinen] in insignifikante Bagatellen auflöst; allein die mathematischen Algorithmen, die, wie nicht anders zu erwarten, ohne irgendeinen Sinn sind, widerstehen dem«.[167]

Paradox ist Bar-Hillels und Carnaps Berechnungsversuch allerdings nur, wenn das kybernetische Medikament bereits Wirkung zeigt; wenn man annimmt, dass das Modell prinzipiell, also bis zu seinem Maximalwert funktioniert und die Bedeutung der Dinge nicht vom Beobachter abhängt. Nur wenn bis zu einem mathematischen Wert von < 1 der semantische Gehalt zunimmt und genauso berechenbar wie objektiv ist, irritiert der Umstand, dass anschließend eine Tautologie den Sieg davontragen soll. Grundsätzlich lässt sich natürlich die Frage stellen, ob Bar-Hillel und Carnap überhaupt einer semantischen Spur folgen, oder ob sie eher einer phantasmatischen Überblendung von prozessierbaren Symbolen und Bedeutung aufsitzen. Der Versuch besteht darin, »ohne Bezugnahme auf ein bestimmtes erkennendes Subjekt Informationen auch Apriorischem zuzumessen«[168] und ihnen zudem Bedeutung zu attestieren.

166 Vgl. Luciano Floridi: *Philosophic Conceptions of Information*, in: Giovanni Sommaruga (Hrsg.): Formal Theories of Information: From Shannon to Semantic Information Theory and General Concepts of Information, Wiesbaden: Springer, 2009, 44.

167 Jacques Lacan: *Schriften I*, Wien, Berlin: Turia & Kant, 2016, 588f.

168 Helmar Frank: *Semiotik und Informationstheorie*, in: Roland Posner/Klaus Robering/Thomas A. Sebeok (Hrsg.): Semiotik. Ein Handbuch zu den zeichentheoretischen Grundlagen

Die Überlegungen von Bar-Hillel und Carnap sind aus zwei Gründen spannend: Einerseits weil die Kuh bis heute nicht vom Eis ist, weil die Verknüpfung von Semantik und Information immer noch – und mit Big Data verschärft – diskutiert wird. Andererseits laufen die vielfältigen Debatten zu prinzipiellen Möglichkeiten künstlicher Intelligenz immer wieder auf Variationen dieser Frage hinaus. Prozessiert Siri, Apples betörende Computerstimme, nur Informationen und antwortet aufgrund vorgegebener Algorithmen? Oder »versteht« sie jetzt oder in Zukunft die Kommunikation, also den Sinn dessen, was sie gefragt wird und was sie antwortet? Wenn Computer »lernen«, akkumulieren oder prozessieren sie nur Informationen oder verarbeiten sie tatsächlich Bedeutung? Diese Fragen lassen sich auch umkehren. Verrechnet das Gehirn letztlich nur Nullen und Einsen, wie es die Kybernetik annahm und Teile der aktuellen Neuroforschung erneut vermuten? Oder gibt es einen grundsätzlichen Unterschied zwischen den prinzipiell instabilen menschlichen Konzepten wie Sinn und Bedeutung auf der einen und prozessierten Daten auf der anderen Seite? Kurz: »Ist Semantik [...] als Syntax zweiter Ordnung rechenbar?«[169]

Seit den frühen 1950er Jahren wird schließlich verbissen um eine halbwegs stabile Definition gerungen, besonders mit Blick auf seine Verbindung zur Semantik – mit überschaubarem Erfolg. Luciano Floridi etwa, gegenwärtig Professor für Philosophie und Ethik der Information und so etwas wie der Lautsprecher der Debatte, verfasste für die *Stanford Encyclopedia of Philosophy* einen Text namens *Semantic Conceptions of Information*, der 2015 das letzte Mal aktualisiert wurde und das Feld sondieren und systematisieren soll. Auf

von Natur und Kultur, Bd. 3, Berlin, New York: Walter De Gruyter, 2003, 2418–2436, hier 2425.

169 Wolfgang Ernst: *Datum und Information. Begriffsverwirrungen*, in: Wolfenbütteler Notizen zur Buchgeschichte 27.2 (2002), 159–181, hier 175.

den immerhin etwa 50 Druckseiten durchwandert Floridi unzählige Zugänge, Zwischenschritte und Zusammenhänge zur »definition of data«, zu typologischen, ontologischen oder epistemologischen Fragen. Der ganze Text changiert zwischen der unbedingten Selbstverständlichkeit, dass es Informationen gibt (weil der Begriff Alltag ist und die Rechner funktionieren) und den unübersehbaren Schwierigkeiten, dem Sinn des Begriffs habhaft zu werden. Die Brücke zur Semantik wird in unterschiedlichen Versionen mit dem Begriff »meaningful« gebaut. Eine Version heißt »Information is data with meaning«. Doch gerade dieser Brücke fehlt das Fundament, weil sich das Attribut »meaningful« nicht neutral oder objektiv, also jenseits eines deutenden Subjekts stabilisieren lässt. Notorisch kehrt die Frage zurück: Bedeutsam in welcher Form, für wen und warum?

Der letzte Satz in Floridis Lexikonartikel zur semantischen Information drückt aus, was den Text und die ganze Debatte durchzieht: Das Problem sei, schreibt er, dass wir uns immer noch auf eine exakte Definition des Begriffs Information verständigen müssen.[170] Mehr als 60 Jahre nach Bar-Hillels und Carnaps erstem Aufschlag, nach uferlosen Diskussionen und trotz leistungsfähiger Rechner steht kein auch nur halbwegs klarer Begriff von Information in Aussicht, selbst wenn das Wort schlappe 8,2 Milliarden Treffer bei Google auf sich vereint (zum Vergleich: »God« schafft es gerade einmal auf 1,7 Milliarden).[171] Wie dessen Verhältnis zu Bedeutung ausbuchstabiert werden sollte, ist logischerweise unklar.

Christophe Menant geht das Problem aus der anderen Richtung an: »In diesem Beitrag werden wir folgendes tun: Wir werden die Idee von Bedeutung vom Menschen entkoppeln, die Komplexitätsleiter

170 Luciano Floridi: *Semantic Conceptions of Information*, in: Stanford Encyclopedia of Philosophy 2015, www.plato.stanford.edu/entries/information-semantic (Zugriff am 30. September 2018).

171 Stand: 30. September 2018.

herunterklettern und den Begriff Bedeutung mit dem Prozessieren von Informationen bei nicht-menschlichen Lebewesen verknüpfen.«[172] Wenn sich die vermeintlich natürliche Semantik des Prozessierbaren nicht klären lässt, dann müssen wir den Fehler beim Sinn oder der Bedeutung der Bedeutung suchen und den Menschen aus der Gleichung streichen. Dass der Begriff damit obsolet wird und sich die Frage von selbst erledigt, wenn die Differenz zwischen Wie und Warum fällt, ist der Haken an der Sache. Die einzelligen Lebewesen, die Menant untersucht und deren Prozessierung von Informationen er analysiert, werden ihm nicht sagen können, was das alles bedeuten soll.

Die Informationstheorie verkrampft bei Definitionsversuchen aus einem recht einfachen Grund: Der Anspruch weist über die Sprache hinaus. Die Entdeckung vermeintlich alles organisierender Nullen und Einsen ist vom Phantasma getragen, genau damit die allzu menschliche Verhaftung im sprachlichen Ausdruck, die endlosen Differenzbewegungen der Signifikanten zu durchbrechen und ein absolutes, stabiles Signifikat gefunden zu haben. Nur mit diesem Anspruch lässt sich erklären, warum die Informationstheorie die Philosophie abzulösen glaubt.[173] Die Rückführung der Idee Information in sprachliche Abgrenzungsbeziehungen – seine Definition – ist dann ein paradoxer Vorgang. Man muss schließlich an Informationen

172 Im Original: »This is what we are going to do in this paper: disconnect the notion of meaning from human and come down the ladder of complexity by linking the notion of meaning to information as processed by non human living elements«, Christophe Menant: *Information and Meaning*, in: Entropy 5.2 (2003), 193–204, hier 195.

173 Gegenwärtig soll es Big Data richten, hinter der allerdings der gleiche informationstheoretische Gedanke steckt, vgl. u. a. Chris Anderson: *The End of Theory. The Data Deluge Makes the Scientific Method Obsolet*, in: Wired 16.7 (2008), www.wired.com/2008/06/pb-theory (Zugriff am 30. September 2018) und kritisch dazu Klaus Mainzer: *Die Berechnung der Welt. Von der Weltformel zu Big Data*, München: C. H. Beck, 2014 und Klaus Mainzer: Zur Veränderung des Theoriebegriffs im Zeitalter von Big Data und effizienten Algorithmen, in: Berliner Debatte Initial 27.4 (2016), 22–34.

als vorgelagert und vorsprachlich glauben, genau wie an andere Mythen und Erzählungen, die vom absoluten Ursprung berichten. Die *Bricolage* (Claude Lévi-Strauss, dt.: die Bastelei) des Sprechens jedenfalls zeigt, dass auch der Information die Stabilität fehlt, dass auch sie nicht das »privilegierte Signifikat« ist.[174] Was in den frühen 1950er Jahren seinen Anfang nahm, also die Überblendung von Bedeutung und Berechnung, wirkt bis heute nach. Genau genommen strukturiert oder fundiert es unzählige Debatten zu Big Data und künstlicher Intelligenz. Nur wenn Bedeutung nichts anderes ist als Berechnung mit hoher Leistung und vielen Daten, wären prinzipiell alle Unterschiede zwischen Mensch und Maschine hinfällig.

Die Filme und Serien, die seit den 1960er Jahren unter dem Label *Star Trek* laufen, haben diese Problematik gleich in zwei verschiedenen Versionen ins futuristische Bild gesetzt. Data ist ein Android, dessen Ziel es ist, so menschlich wie möglich zu sein. Speichervolumen und Rechenleistung der künstlichen Intelligenz, die eine fast perfekte menschliche Hülle hat und sogar programmiert altert, sind enorm. Allerdings geht ihm jeder Sinn für Humor, Sarkasmus oder Ironie genauso ab wie jener für Metaphern und assoziative Bilder, was immer wieder zu schrägen Momenten und Missverständnissen führt.[175] Alle Versuche, solche Verhaltensweisen nachzuahmen, wirken blechern und offensichtlich künstlich. In gewisser Weise ist Data, der weit schneller »denkt« (also verrechnet) als ein Mensch, die filmische Übersetzung von Enzensbergers treffsicherem Einwand, dass die Maschinen eben nicht dichten lernen. Egal auf welchem Niveau

174 Vgl. Jacques Derrida: *Die Struktur, das Zeichen und das Spiel im Diskurs der Wissenschaften vom Menschen*, in Jacques Derrida: Die Schrift und die Differenz, Frankfurt/Main: Suhrkamp, 1976, 422–442.

175 In einigen Folgen allerdings wird Data ein Emotionschip eingebaut, was ihn unkontrollierbar macht und die sonst schlau gezeichnete Grenze zwischen Mensch und Maschine einreißt.

sie prozessieren, ihnen fehlt ein Zugang zur Frage, was das Ganze soll und wofür es gut ist. Anschaulich wird der Unterschied, der in letzter Instanz jener zwischen Syntax und Semantik ist, immer wieder an Witzen. Während der prozessierende Apparat entweder vor dem Fehler, der die Angelegenheit lustig macht, in die Knie geht oder einen Ausweichalgorithmus einspeist, werden ihm sowohl der Sinn als auch der Spaß verschlossen bleiben. Datas Versuche, so menschlich wie möglich zu sein, scheitern aus diesem Grund immer wieder. Was Jeremy Bentham bereits im 19. Jahrhundert über das Tier sagte, gilt in gewisser Weise und mit anderen Vorzeichen auch für künstliche Intelligenzen: »Die Frage ist nicht: Können sie sprechen? Sondern: Können sie leiden?«[176]

Während Data versucht, Individualität zu erlangen und scheitert, weil er nur prozessiert, sind die Borg ein anfänglich hierarchiefreies Kollektiv aus Cyborgs,[177] also Mischungen aus Mensch und Maschine. (Der Begriff Cyborg übrigens ist ein Akronym aus *cybernetic organism*, der in den 1960er Jahren aufkommt und eine beachtliche Geschichte hingelegt hat. Dies unterstreicht die Prominenz der in Vergessenheit geratenen Modewissenschaft nochmals.) Diese in Weltraumwürfeln lebenden Kreaturen sind ausschließlich als Einheit unterwegs und haben alles Individuelle überwunden. Die halbmenschlichen Einzelwesen sind in einem *Masterbrain* zusammengeschlossen, was ihnen herausragende Fähigkeiten ermöglicht. Zugleich allerdings

176 Jeremy Bentham: *An Introduction to the Principles of Morals and Legislation*, London: The Athlone Press, 1970/1828, 44.

177 Genauer gesagt handelt es sich um »Pop-Cyborgs«, wie Karafillidis argumentiert, Karafillidis: *Die Materie der Kybernetik. Über Kommunikation in organisch-mechanischen Verbindungen*, 138. Zu Geschichte des Begriffs sind vor allem wichtig Manfred E. Clynes/Nathan S. Kline: *Cyborgs and Space*, in: Astronautics 9.5 (1960), 26–27, 74–76 und Donna Haraway: *A Cyborg Manifesto: Science, Technology, and Socialist-Feminism in the Late Twentieth Century*, in: Donna Haraway: Simians, Cyborgs and Women: The Reinvention of Nature, New York: Routledge, 1991, 149–181.

fehlt ihnen jedes Moment von Empathie, jedes Verständnis dafür, dass auch andere Sinnkonzepte in der Welt sind. Im Rahmen von *Star Trek* werden sie genau damit zum dystopischen Gegenspieler der Menschen, die – ethisch einigermaßen auf der Höhe – zurückhaltend vorgehen. Schließlich können sie nicht wissen, was in den Weiten des Universums noch buchstäblich von Bedeutung sein könnte.

Data beißt sich also an der Semantik eines Witzes die Zähne aus – und damit an Individualität und Sinn. Die Borg dagegen haben diese Angelegenheit in die andere Richtung aufgelöst. Ihr kollektives Bewusstsein hat vermeintlich jede Differenz zwischen Syntax und Semantik getilgt und ist zur unvermittelten Wahrheit vorgedrungen. Das hat schließlich zur Folge, dass alle anderen oder alles andere als Fehler wahrgenommen und absorbiert, also »assimiliert« werden muss.[178]

Star Trek als popkulturelles Ereignis bearbeitet damit durchaus geschickt eine Debatte, die beharrlich um informationstheoretische Deutungen kreist. Data und die Borg sind gewissermaßen die filmische Verkörperung sprachtheoretischer Argumentationen und symbolisieren das Scheitern am Realen. Weder stimmen Signifikat und Signifikant, also Symbol und Bedeutung, jemals restlos überein, noch löst sich die Frage, was das alles bedeutet, im reinen Prozessieren auf. Was Derrida als Überschuss, Jacques Lacan als Mangel und John Searl als »Intentionalität« bezeichnet haben,[179] umschreibt die unüberwindliche Differenz zwischen dem Gesagten und dem Gemeinten,

178 Die Borg assimilieren robust, nehmen aber das Wissen und die Erkenntnisse der jeweiligen Spezies als Gewinn für das Kollektiv wahr. Allerdings heißt das immer noch, dass zu assimilierendes Wissen strukturell eingepasst werden kann und keine epistemische Differenz, keine Eigenlogik, möglich ist.

179 Vgl. u. a. Derrida: *Grammatologie; Lacan: Schriften I*; John. R. Searle: *Minds, brains, and programs,* in: Behavioral and Brain Sciences 3.3 (1980), 417–457. Die theoretischen Konzeptionen sind nicht identisch, nicht zufällig laufen theorieinterne Debatten. Allerdings teilen sie den Verweis auf eine konstitutive Unbestimmbarkeit.

womit prozessierende Maschinen und überindividuelle Kollektive nicht klarkommen. Das notorische Gerede der Borg, die mit einer kalten Maschinenstimme »Widerstand ist zwecklos« endlos wiederholen, erinnert an das statistische Sprechen der Sprache[180] oder an Bar-Hillels und Carnaps semantischen Maximalwert 1 = 1, der genauer besehen nichts bedeutet. Recht früh also wird die Aussichtslosigkeit eines informationstheoretischen Denkens vorgeführt, das glaubt, alles Sinnhafte berechnen zu können.

Der Rummel um Informationen und ihre scheinbar wundervollen Möglichkeiten geht unterdessen weiter. An dieser Stelle ließen sich unzählige Filme, Bücher und Forschungsbeiträge diskutieren, die auf die eine oder andere Art das Verhältnis von Semantik und Information oder Digitalisierung umkreisen – sei es in Debatten um künstliche Intelligenz, um Upload oder Cyberspace. Wie prägend der informationstheoretische Zugriff bis heute ist, zeigt ein Artikel aus dem Magazin *Technology Review* aus dem Jahr 2017.[181] Weil die Onlineenzyklopädie Wikipedia rasant wächst und nicht genug Autoren und Redakteure willens sind, unentgeltlich Texte zu verfassen, werden andere Mittel in Erwägung gezogen. Eines davon sieht vor, Algorithmen Einträge mehr oder weniger selbstständig verfassen zu lassen. Weil die natürlichen Sprachen allerdings voll von unklaren Bezügen und mehrdeutigen Begriffen sind, soll dafür eine neue Maschinensprache entwickelt werden. Der Plan besteht darin, ein »semantisches Regelwerk« zu entwerfen, »das jede denkbare sprachliche

180 »Nach einigen statistischen Operationen beginnt die Sprache selbst zu sprechen und nicht etwa ein kluger Kopf dahinter«, Foerster: *Zirkularität*, 28. Shannon hatte auf den berühmten Macy-Konferenzen mit wenigen statistischen Durchläufen (vom diskreten Buchstaben über Vokal-Konsonant-Verbindungen bis zu Wahrscheinlichkeiten in Bezug auf Worthäufigkeiten) einen Satz generiert, vgl. Pias: *Das digitale Bild gibt es nicht*, 23f.

181 Anton Weste: *In Maschinenschrift*, in: Technology Review 2017, www.heise.de/tr/artikel/In-Maschinenschrift-3594636 (Zugriff am 28. April 2017).

Bedeutung ausdrücken kann und Doppeldeutigkeiten natürlicher Sprachen vermeidet – eine wichtige Voraussetzung zur maschinellen Lesbarkeit.«[182] Als Beispiel wird das deutsche Wort Bank herangezogen, das bekanntlich entweder eine Sitzgelegenheit oder ein Geldhaus meinen kann. Für diesen Fall ist die Auflösung der Doppeldeutigkeit vergleichsweise einfach. Jedenfalls dann, wenn die permanenten Sinnverschiebungen im Kontext unterschiedlicher Satzkonstruktionen (etwas auf die lange Bank schieben, auf der Wechselbank versauern etc.) ausgeblendet werden. Wie es allerdings aussehen soll, alle möglichen Bedeutungen von Begriffen wie Freiheit, Sinn oder Sein zweifelsfrei abzubilden und zugleich alle Nuancen in unterschiedlichen grammatischen Konstrukten dingfest zu machen, bleibt rätselhaft. Allein der Versuch, einen Subjuntivo aus dem Spanischen ins Deutsche zu übersetzen, ist schwierig und kann üblicherweise nur mit einer Annäherung geleistet werden, die von so etwas Diffusem wie Sprachgefühl ermöglicht wird. Trotz des eigentlich viel zu offensichtlichen Umstands, dass ein solches Projekt scheitern muss oder nur hölzerne Sachtexte hervorbringen kann, versprechen sich die Macher einiges, wie der Artikel verrät: »Schon der Universalgelehrte Leibniz hatte im 17. Jahrhundert den Traum von solch einer idealen, weil logischen, kompletten und unmissverständlichen Universalsprache«, heißt es weiter. Später träumten ihn die Kybernetiker und schließlich könnte er »im Web 3.0 [...] Realität werden«.[183] Erneut wird eine Wette auf die Zukunft abgeschlossen. Was so lange schon in den Träumen mancher Wissenschaftler und den Alpträumen einiger Philosophen spukt, soll nun mit digitalen Rechenmaschinen Wirklichkeit werden. Eine logische und komplett unmissverständliche Sprache wäre in der Tat auch Maschinen ohne Mangel,

182 Ebd.
183 Ebd.

Missverständnis oder Überschuss zugänglich. Dies hieße allerdings auch, menschliche Individuen ins Borgkollektiv aufzunehmen, weil sie der je eigenen und immerzu missverständlichen Deutung beraubt wären. Und die unerklärliche Schönheit bestimmter Formulierungen würde gleichfalls der logischen Aufschlüsselung aller Bedeutungen zum Opfer fallen. Das Formale tilgt die Ästhetik.

Die gute Nachricht ist allerdings, dass die komplette Verrechnung natürlicher Sprachen, also die restlose Übersetzung von Semantik in prozessierbare Syntax, gleich an zwei Dingen scheitern muss. Einerseits verkennt sie die Funktionsweise von Sprache. Während lange Zeit die im Begriff Abbildtheorie verdichtete Ansicht vorherrschte,[184] Begriffe oder Signifikanten würden Sachverhalte oder Gegenstände nur einfangen und abbilden, ist mit Ferdinand de Saussure, Derrida und anderen die Einsicht gereift, dass die Dinge anders liegen. Fluide Abgrenzungsbeziehungen (die berühmte Arbitrarität) erschaffen erst und zeitgebunden die Bedeutung einzelner Wörter. Sinnzusammenhänge sind damit vom Kontext abhängig und historisch wandelbar, was ihre abschließende Übersetzung in zwingende und eindeutige Zeichen einer Universalsprache ausschließt. Der Umstand also, dass das instabile Netz sprachlicher Zeichen die nichtsprachlichen Dinge der Welt in ihrer Bedeutung erst erschafft, durchkreuzt ganz grundsätzlich die Hoffnung auf eine alles erfassende Maschinensprache.

184 »Die Grundvorstellung dahinter könnte man etwa folgendermaßen zusammenfassen: Sprachliche Zeichen (Wörter) repräsentieren (bezeichnen, vertreten) etwas, das entweder in der Wahrnehmung oder aber in der Vorstellung oder im Denken von Subjekten schon gegeben ist, also unabhängig von der Sprache schon ›da‹ ist. [...] Eine Kette von Repräsentationen erstreckt sich dann gleichsam von dieser ›ursprünglichen Präsenz‹ über die Lautsprache bis hin zur Schrift: Am Anfang [...] stehen etwa die in der Wahrnehmung gegebenen Dinge und Ereignisse. [...] Die sprachlichen Zeichen repräsentieren Klassen solcher Einzeldinge oder Einzelvorstellungen, und die schriftlichen Zeichen schließlich repräsentieren die ursprünglich lautlichen Zeichen«, Albrecht Wellmer: *Sprachphilosophie. Eine Vorlesung*, Frankfurt/Main: Suhrkamp, 2004, 17.

Wir treffen hier auf die unüberwindliche Differenz zwischen logischer Syntax und der Antwort auf die Frage: Was bedeutet es?

Diese knappe sprachtheoretische Skizze erweist sich andererseits auch als praktisch. Eine Universalsprache muss für sich beanspruchen, die Zeitlichkeit aus den Angeln zu heben, weil das logisch Zwingende jeden historischen Bruch und jede substantielle oder epistemische Neuerung ausschließt. Der Umfang einer solchen Maschinensprache würde buchstäblich unendliche Dimensionen annehmen. Im Text *Die Universalbibliothek*, der bereits 1904 in der *Ostdeutschen Allgemeinen Zeitung* erscheint, versucht sich der deutsche Schriftsteller Kurd Laßnitz an einer Berechnung. Ausgehend von 100 Lettern (also Groß- und Kleinbuchstaben plus Beiwerk), Büchern mit jeweils 500 Seiten und einer Million Stellen skizziert er eine Bibliothek, in der alle möglichen Kombinationen, also alle denkbaren Bücher enthalten wären. Dies müsste, schreibt er »die Ausschließung des Autors aus dem Geschäftsbetrieb« bedeuten. »Ersatz des Schriftstellers durch die Kombinationsmaschine. Triumph der Technik!«[185] Allerdings produziert diese Sammlung aller jemals möglichen Bücher ein tatsächlich raumgreifendes Problem. »[D]a wir eine Million Stellen im Bande zur Verfügung haben, so entstehen so viele Bände, als eine Zahl angibt, die man erhält, wenn man 100 ein Millionenmal als Faktor setzt. Da 100 gleich zehnmal zehn ist, so bekommt man dasselbe, wenn man die Zahl zweimillionenmal als Faktor schreibt. Das ist also einfach eine Eins mit zwei Millionen Nullen.« Eine solche Zahl entziehe sich der Vorstellungskraft, weil sie im Druck »etwa eine Länge

185 Zitiert in Hans-Christian von Herrmann: *Literatur und Entropie*, Berlin: Duncker & Humblot, 2014, 17. Ähnlich ließe sich auch mit Jorge Luis Borges: *Die Bibliothek von Babel*, Stuttgart: Reclam, 2016/1941 argumentieren, der ebenfalls eine fiktive Universalbibliothek erschuf und die Irrungen und Umwege der internen Wahrheitssuche schilderte; vgl. Stalder: *Kultur der Digitalität*, 165.

von vier Kilometern erreicht«.[186] Die Büchersammlung wäre schließlich so groß, »daß das ganze bekannte Universum dafür nicht genügen würde«.[187] Die Bibliothek und mit ihr die Idee einer zeitlosen Universalsprache nimmt für das menschliche Ermessen unendliche Ausmaße an. (Bedenkt man den Umstand, dass sich die Zahl der einzelnen Lettern nicht logisch zwingend auf hundert begrenzen lässt, wird die Büchersammlung unendlich.)

Zugegeben, das Beispiel von Laßnitz klingt ein wenig absurd. Theoretisch allerdings ist es schwer zu schlagen, schließlich steckt in der Annahme einer alles erfassenden Universalsprache, die verlustfrei alles Bedeutende erfasst, das Versprechen, alle *vergangenen, gegenwärtigen* und *zukünftigen* Bedeutungen systematisch abbilden zu können. An diesem Punkt lässt sich die Informationstheorie – jedenfalls in ihrer geschichtsphilosophischen Lesart – mit ihren eigenen Waffen schlagen. Vor zweihundert Jahren etwa hätte niemand auch nur eine leise Ahnung davon gehabt, was es mit »Digitalisierung« auf sich haben mag, was der Begriff also bedeutet. In der von Laßnitz geschickt bebilderten Bibliothek hätte er samt präziser Angaben zu seinem Sinn schon enthalten sein müssen. Wer im 21. Jahrhundert »Web 3.0« oder ein eher abstraktes Kürzel wie »AAA« nutzt, weckt einige Assoziationen, die noch im 19. Jahrhundert gänzlich unbekannt waren, aber von einer Universalsprache bereits hätten erfasst worden sein müssen. Letztere hebelt also die Historizität aus – zum Preis einer Bibliothek, die größer ist als das Universum.

Schließlich spielt das Phantasma einer vollständigen Universalsprache beständig mit der Decodierung aller Semantik in syntaktische, prozessierbare Muster, die seit Shannon allein auf der Unterscheidung von Null und Eins basieren. Es gibt weitere, eher zeitgenössische

186 Zitiert in Herrmann: *Literatur und Entropie*, 19f.

187 Ebd., 21.

Versuche, das gesamte Weltwissen binär zu vermessen und gleichzeitig die Geschichtlichkeit vollständig zu kassieren. »Forscher der *School of Information Management and Systems* in Berkley haben jüngst kalkuliert, dass die Menschheit bis zur Markteinführung der Computer etwa 12 Exabyte Daten in ihrer gesamten Geschichte angehäuft hat«, erklärt Floridi offenkundig angetan von der Berechnung.[188] Allein im Jahr 2002 seien es jedoch schon 5 Exabyte neuer Daten gewesen, wobei es sich bei der Einheit um eine Eins mit achtzehn Nullen handelt. Das entspräche 37.000 neuen, ziemlich großen Bibliotheken.[189] Bis 2010, heißt es weiter, werden es wohl schon 998 Exabyte sein, also schon 7.385.200 Bibliotheken. Der Sinn der Sache muss hinter seiner simplen digitalen Berechnung restlos zurückstecken. Man muss nur genug Daten verrechnen können und die Bedeutung des Ganzen und jedes Details erschließt sich logisch und zwingend. Jede Differenz zwischen Daten, Wissen, Erkenntnis, Sinn oder Weisheit wird getilgt. Massenhaft gespeicherte Leistungsdaten irgendwelcher Jogger haben den gleichen Wert wie die Schriften von Aristoteles oder Hegel.

Begriffe und Konzepte der neueren Informatik zeugen ebenfalls vom Versuch, den Sinn der Sache im Prozessieren und Verknüpfen aufgehen zu lassen. Das begriffliche Schwergewicht Ontologie, was bekanntlich die Lehre vom Sein bedeutet und lange Zeit das zentrale Thema der Philosophie war, ist mittlerweile in die Fachsprache der Informatik eingegangen. Ontologien sind dort Ordnungsmuster und netzwerkartige Verknüpfungen von Signifikanten oder Zeichenketten. Weil sie nicht nur hierarchisch, sondern verzweigt sortieren, sind sie mehr als klassische Taxonomien. Dass allerdings gerade die

188 Luciano Floridi: *Ethics after the Information Revolution*, in: Information and Computer Ethics, Cambridge: Cambridge University Press, 2010, 3–19, hier 4.
189 Ebd.

Seinsfrage höchstselbst das begriffliche Defizit von Taxonomie auffangen soll, ist unabsichtlich vielsagend. Mit den Ontologien der Informatik scheint jedenfalls einiges möglich: »Das große Interesse an Ontologien basiert auf ihrer Stärke, eine maschinell prozessierbare Semantik von Informationen anzubieten, die zwischen verschiedenen menschlichen und nicht-menschlichen (also softwarebasierten) Akteuren ausgetauscht werden können. Diese Eigenschaft macht Ontologien zum Rückgrat der nächsten Internetgeneration, etwa des Semantic Web.« [190] Mit semantischem Internet ist, stark verkürzt, der Umstand gemeint, dass Begriffe allgemeineren Kategorien zugeordnet werden, im Sinne ihrer besseren und schnelleren Verarbeitung. Konkret: Ist das Wort Berlin auf der entsprechenden Internetseite ein Nachname oder eine Ortsangabe etc. Damit bemächtigt sich die Informatik zweier Ideen und geistesgeschichtlich einschlägiger Begriffe und formt sie zu eher basalen Varianten von flachen Verknüpfungen und Verweisketten um. Das ist nicht weiter schlimm. Der konkrete Bezug auf solche (wenn man so will) vorbelasteten Begriffe sagt allerdings einiges über die Ansprüche aus, die mit Informatik und Digitalisierung einhergehen.

Im Frühjahr 2016 schließlich lanciert die Firma Microsoft einen Twitterbot namens Tay, einen Algorithmus, der komplett selbstständig mit Nutzern kommunizieren und aus den Interaktionen lernen sollte. Es handele sich um eine »künstliche Intelligenz«, wie der IT-Riese verlautbaren lässt. »Je mehr man mit Tay chattet, desto

190 Im Original: »This broadened interest in ontologies is based on the feature that they provide a machine-processable semantics of information sources that can be communicated among agents as well as between software artifacts and humans. This feature makes ontologies the backbone technology of the next web generation, i. e., the Semantic Web«, Dieter Fensel: Ontologies. *A Silver Bullet for Knowledge Management and Electronic Commerce*, Wiesbaden: Springer VS, 2004, Klappentext, vgl. auch Tom Gruber: Ontology, in: Ling Liu / M. Tamer Özsu (Hrsg.): Encyclopedia of Database Systems, Wiesbaden: Springer, 2008, 1546–1550.

schlauer wird sie, und desto besser kann sie persönlich auf Nachrichten reagieren. Der Twitterbot soll sich an junge US-Amerikaner zwischen 18 und 24 Jahren richten. Microsoft möchte mit Tay mehr über Gespräche zwischen Mensch und Maschine herausfinden.«[191] Weniger als 24 Stunden später wird die Netzgemeinde mit entsprechenden Tweets Tay zum Nazi umprogrammiert haben, der bevorzugt Dinge sagt wie »Hitler hatte Recht« und »ich hasse die Juden«. Das Projekt wird zügig beendet.

Vielleicht muss man die Versuche einer Universalsprache oder einer restlosen und fehlerfreien Übersetzung aller Semantik in Syntax gegen den Strich lesen. Schließlich scheint es, als würde der Weg, den die Apologeten der Maschinensprache eingeschlagen haben, eigentlich umgekehrt verlaufen: Nicht die Universalsprache bildet jede denkbare sprachliche Bedeutung ab, sondern sie versucht, alles Denkbare auf maschinenmäßig logische Figuren, auf prinzipiell prozessierbare Einheiten zu reduzieren. Die Borg schauen vorsichtig um die Ecke, und Tay scheitert zum Glück fulminant.

191 Teresa Sickert: *Vom Hipster-Mädchen zum Hitler-Bot*, in: Spiegel Online 24. März 2016, www.spiegel.de/netzwelt/web/microsoft-twitter-bot-tay-vom-hipstermaedchen-zum-hitler-bot-a1084038 (Zugriff am 3. Mai 2017).

Die Frage, ob Informationen an und für sich bereits Bedeutung tragen, korrespondiert mit einer anderen: Sind sie natürlich, kulturell oder nur subjektiv? Welchen ontologischen Status haben Informationen? Es handelt sich gewissermaßen um eine Variation der ersten Frage. Wenn die Bedeutung von Informationen nicht von der humanen Einschätzung abhängt, sondern objektiv gegeben ist, dann steht auch ihrer natürlichen, von der menschlichen Perzeption und Deutungskraft unabhängigen Existenz nichts im Weg.

Es nimmt wenig Wunder, dass der Hype um Informationen und Digitalisierung als Lösung des Entropieproblems und Überwindung der lästigen, weil vergänglichen Materie auch Seinsfragen adressiert. Was umfassende Antworten auf beinahe alle Probleme verspricht, kippt zwangsläufig ins Philosophische und provoziert eine neue Weltbetrachtung. Auf die alten Fragen nach dem, was ist, nach der Ontologie, wird es eine ganze Serie neuer Antworten geben, die jeweils deutlich hinter die Dekonstruktion der Frage selbst zurückfallen, die mit Nietzsche, Heidegger, Freud oder Derrida angeschoben wurde.

Auch diese Erzählung lässt sich zurückverfolgen bis zur Wiege des neuen Informationsbegriffs. Einer der ersten ist der US-Amerikaner Edwin Thompson Jaynes, der 1957 den Gedanken formuliert, dass hinter allem, was materiell oder energetisch existiert, eigentlich zirkulierende und geschaltete (das heißt zielführend gesteuerte) Informationen stecken.[192] Nur weil Entropie samt ihrer Formel die Thermodynamik (bzw. die »statistical mechanics«) mit der Informationstheorie verbindet, sei noch nichts Neues herausgefunden

192 Edwin Thompson Jaynes: *Information Theory and Statistical Mechanics*, in: The Physical Review 106.4 (1957), 620–630.

worden, argumentiert er. Dies wird erst durch neue Perspektiven möglich sein, die zeigen, dass beide Versionen von Entropie letztlich das Gleiche sind.[193] Das entscheidende »feature« habe Shannon geliefert, und nun sei es möglich, von der Informationstheorie ausgehend die Weltbetrachtung von den alten physikalischen Abhängigkeiten zu befreien.

Zehn Jahre nach Jaynes veröffentlicht der Ingenieur und Erfinder Konrad Zuse einen einigermaßen einflussreichen Text mit dem Titel *Rechnender Raum*.[194] Zuse hatte mit dem *Z3* schon 1941 den weltweit ersten programmgesteuerten, funktionsfähigen und binär operierenden Computer gebaut und ging damit in die Geschichtsbücher ein. Bereits die sprechende Überschrift verrät, dass Zuse die Überlegungen zum ontologischen Vorrang der Information aufnimmt, freilich ohne die Dinge in eine so philosophische Sprache zu kleiden. Die »beiden elementaren Dimensionen naturwissenschaftlicher Betrachtungsweisen [...], Stoff und Energie«, schreibt er, könnten bei einer »gründlichen Betrachtung des Problems« wohl mit Begriffen erklärt werden, »die mit der Information in Zusammenhang stehen«.[195] Letztere stellt sich also nicht neben Energie und Materie (oder Stoff), sondern liegt ihnen zugrunde, produziert sie erst oder bringt sie hervor. Der bereits erwähnte »Sturz der Materie«, auf den Begriff gebracht im *Manifest des Cyberspace* 1994.[196]

Diese Überlegung lässt sich beliebig skalieren: »Faßt man den Kosmos im Sinne des rechnenden Raumes als große Rechenmaschine auf,« formuliert Zuse einen bis heute ziemlich prominenten Satz, »die von außen nicht beeinflußbar ist, so gilt im Sinne der Informationstheorie, daß die Information dieses Systems nicht vermehrt

193 Ebd., 621.

194 Konrad Zuse: *Rechnender Raum*, in: Elektronische Datenverarbeitung 8 (1967), 336–344.

195 Ebd., 342.

196 Gilder u. a.: *Cyberspace and the American Dream.*

werden kann.«[197] Wahrscheinlich nicht zufällig klingt diese Passage wie der Zweite Hauptsatz der Thermodynamik. Jedenfalls ist die Überblendung von Universum und Rechenmaschine damit auf den Punkt formuliert, und alles Materielle wird zum gleichsam zufälligen Ausdruck einer informationstheoretischen Funktionslogik. Alles weitere, etwa dass die »Beschleunigung eines Teilchens [...] dann aufgrund einer Informationsverarbeitung« erfolgt,[198] sind nur noch folgerichtige Ableitungen.

Wissenschaftlich ist das Thema seither eher randständig, weil es zu assoziativ und spekulativ bleibt. Streng beschaut ist offenkundig, dass man an den Kurzschluss von Kosmos und Rechenmaschine oder an den unmittelbaren Vorrang von Information und Schaltung glauben muss. Und dennoch finden sich seither immer wieder Autoren, die explizit oder implizit in die gleiche Kerbe schlagen. Ganz im Stil einer religiösen Erweckung skizziert etwa der US-amerikanische Physiker Edward Fredkin, Jahrgang 1934, den Moment, als ihm klar wurde, dass letztlich alles aus Informationen und ihrer Zirkulation bestehe. Glücklicherweise sei ihm eine mathematische Gabe in die Wiege gelegt worden, »the amazing glorious gift«.[199] Doch weder die klassische Physik noch die Quantenmechanik lieferten für Fredkin die Verknüpfung von Naturwissenschaft und Weltbetrachtung. Erst als er – nach einem Intermezzo als Pilot der Luftwaffe – mit den ersten Computern und der Kybernetik in Berührung kam, setzte sich ein Bild zusammen, das alles auf einmal erkennen ließ: die »digitale Perspektive«.[200] Als Kind hatte er sich immer ein »magisches Fernglas« vorgestellt, das genauso ins Universum wie in die Materie in jeder gewünschten Vergrößerung schauen könne. Gerade das sei letztlich der

197 Zuse: *Rechnender Raum*, 343.

198 Ebd.

199 Edward Fredkin: *Digital Mechanics*, Moskito Island: DM-Book, 2000, 2.

200 Ebd.

»digitale Informationsprozess«,[201] der beliebig skalierbar vom Universum bis zum Quantum alles strukturiere. Das heißt auch, dass Information die einzige Substanz (oder substanzlose Substanz) ist, die tatsächlich einen ontologischen Vorrang hat, die es »wirklich« gibt. Fredkin ist überaus dankbar dafür, diese unmissverständliche Wahrheit, diese Letztbegründung erfahren zu dürfen. Die Klangfarbe solcher Ausführungen ist so offenkundig religiös, dass die allenthalben kolportierte Rückbindung an wissenschaftliche Beobachtungen einigermaßen irritiert.

Explizit in den Fußstapfen von Jaynes und Zuse (und Carl Friedrich von Weizsäcker) prägt John Archibald Wheeler schließlich in den 1990er Jahren die Phrase »it from bit« und spitzt damit den informationstheoretischen Frontalangriff auf die Philosophie zu.[202] Zuvor hatte Rudy Rucker in *Mind Tools: The Five Levels of Mathematical Reality* geschrieben: »Die Welt kann vollständig in digitale Bits zerlegt werden, wobei jedes Bit aus kleineren Bits besteht.«[203] In die gleiche Richtung argumentiert der Philosoph Fred Dretske, wenn er schreibt »Am Anfang war die Information«, also noch vor Gottes Wort.[204] Und mit viel Pomp schließlich veröffentlicht der mit einer neuen Programmiersprache zu Geld gekommene Mathematiker Stephen Wolfram, der bis heute mit seinen Vorträgen Hallen füllt, sein knapp 1.200 Seiten dickes Buch *A New Kind of Science*,[205] das allen Ernstes verspricht, alle Wissenschaft neu zu justieren. Am Grunde des Universums – so Wolframs Grundidee, von

201 Ebd., 6.

202 John A. Wheeler: *Information, physics, quantum: The search for links*, in: Wojciech Hubert Zurek (Hrsg.): Complexity, Entropy, and the Physics of Information, Redwood City, California: Addison-Wesley, 1990.

203 Im Original: »The world can be resolved into digital bits, with each bit made of smaller bits«, Rucker: *Mind Tools*, 314.

204 Dretske: *Knowledge and Flow of Information*, vii.

205 Stephen Wolfram: *A New Kind of Science*, Champaign: Wolfram Media, 2002.

der ausgehend alle Bereiche des Wissens neu perspektiviert werden müssten – werkeln Algorithmen, also Miniprogramme. Alles Materielle sei nur basaler Ausdruck dieser dahinterliegenden Funktionslogik. Das Buch wird intensiv besprochen, unter anderem mit markigen Überschriften wie »The Man Who Cracked the Code to Everything ...«.[206] Mit seinem Projekt *Wolfram Alpha* versucht er zudem, mithilfe der Übersetzung von normalsprachlichen und damit unzulänglichen Nutzereingaben in präzise Formelsprache jene Bibliothek zu erschaffen, an deren Berechnung sich schon Laßnitz versuchte. Wenig überraschend weiß die Maschine auf Fragen wie »Was heißt Différance?« oder »Was bedeutet Dialektik?« keine auch nur ansatzweise hinreichende oder belastbare Antwort.[207]

Der bereits erwähnte Floridi schließlich diskutiert in seinem als Standardwerk konzipierten und zuerst 2013 erschienenen Buch *Philosophy of Information* diese Perspektive.[208] Es würde sich um einen epistemologischen Kurzschluss handeln, alles vom Funktionieren digitaler Rechenmaschinen ableiten zu wollen. Floridi lehnt diese Essentialisierung zwar ab, stellt dagegen allerdings eine bestenfalls graduell verschobene Herangehensweise. Für ihn unterläuft die Differenzierung von analog und digital, die es für die Annahme einer digitalen Ontologie braucht, den Umstand, dass die ganze »Realität aus Informationen besteht«.[209] Die Differenz zwischen analog und digital

206 Steven Levy: *The Man Who Cracked the Code to Everything ...* In: Wired, 6. Januar 2002, www.wired.com/2002/06/wolfram (Zugriff am 30. September 2018); vgl. auch George Johnson: *You Know That Space-Time Thing? Never Mind*, in: The New York Times, 6. September 2002, www.nytimes.com/2002/06/09/books/you-know-that-space-time-thing-never-mind (Zugriff am 30. September 2018). David J. Chalmers: *Facing Up to the Problem of Consciousness*, in: Journal of Consciousness Studies 2.3 (1995), 200–219, www.consc.net/papers/facing (Zugriff am 30. September 2018) etwa überträgt den Plot auf das Bewusstsein und macht es zum Effekt prozessierender Informationen.

207 Siehe www.wolframalpha.com (Zugriff am 12. Mai 2017).

208 Luciano Floridi: *The Philosophy of Information*, Oxford: Oxford University Press, 2013.

209 Ebd., 316.

sei nur eine eher zufällige, weil historisch wandelbare Wahrnehmung von »epistemic agents«, also von deutenden Subjekten – und damit ein Oberflächenphänomen. Floridi hält stattdessen die »informational ontology« für weitaus griffiger, weil sie ein noch substantielleres Funktionsprinzip offenlegt.[210] Vielleicht entledigt er sich so der einigermaßen auffälligen Reduktion, die ganze Wirklichkeit als materiellen Ausdruck von digitalen Rechenprozessen zu sehen. Dies entlastet ihn jedoch nicht von seiner religiösen oder metaphysischen Deutung der Information, die als Grundmuster, als Ausgangswert und irreduzible Voraussetzung allen Strukturen und Interaktionen vorausgehen soll. Gerade umgekehrt verschiebt Floridi seinen Informationsbegriff noch deutlicher zum Heiligen Geist, zur fixen Idee oder zum privilegierten Signifikat, wenn er selbst die Differenzierung von Null und Eins als einen Oberflächenausdruck eigentlich dahinter operierender Informationen versteht. Während die digitale Ontologie den Fehler macht, im Computer das alles Sein hervorbringende Prinzip zu vermuten, dreht Floridi die Spekulation noch eine Runde weiter und degradiert das Digitale auch noch zum beliebigen Ausdruck von Informationen. Letztere bleiben somit völlig entleert zurück. Von diesem Moment an erklärt der Informationsbegriff alles (wie Gott) oder nichts (auch wie Gott) – je nach subjektivem Bekenntniszusammenhang. Nicht zufällig spricht Floridi von einem »informational turn«, der ziemlich offensichtlich alle Erkenntnisse oder erkenntnistheoretischen Einsichten, die mit dem Begriff linguistic turn in Verbindung stehen, wegspült, um stattdessen wieder vorkritische Spekulationen über das Wesen der Dinge anzustellen.

Was wissenschaftlich streitbar bleibt, hat bildreich Eingang in die Popkultur gefunden. Luc Bessons Film *Lucy* aus dem Jahr 2014 führt

210 Ebd.

»it from bit« nahezu perfekt vor. Lucy, herausragend gespielt von Scarlett Johansson, gerät durch einen dummen Zufall in die Fänge mafiöser Drogenbarone und wird als Kurierin für den noch völlig unbekannten Stoff CPH4 missbraucht. Die Droge ist die filmische Übersetzung einer flüchtigen Substanz, die bei Embryonen in der sechsten Schwangerschaftswoche die Ausbildung des Gehirns befeuern soll. Lucy wird mit einem Kilogramm des hochdosierten Wirkstoffs unter ihrer Bauchdecke nach Europa geschickt, um sich dort den Beutel wieder abnehmen zu lassen. Als sie unterwegs zusammengeschlagen und in den Bauch getreten wird, platzt das Päckchen und das Präparat entfaltet seine bis dahin noch unbekannte Wirkung. Ab diesem Moment entrollt sich ein ungeahntes neuronales Theater. Der Film geht von der als Wahrheit verkauften, aber mittlerweile längst als überholt angesehenen Hypothese aus, dass Menschen nur 10 Prozent ihrer neuronalen Rechenleistung nutzen; und Lucy erobert schrittweise die anderen 90 Prozent. Auf dem Weg dorthin werden ihr alle Gedächtnisinhalte bewusst, sie kontrolliert all ihre Körperfunktionen, etwas später magnetische Wellen, also Radios, Bildschirme oder Telefonverbindungen. Am Ende überschreitet sie kraft ihrer Gehirnkapazität sogar die Erdanziehung und übersetzt fließend und spielerisch Informationen, also digitale Zeichensätze, in Materie und umgekehrt. Das geht freilich nur, wenn tatsächlich Stoff und Energie lediglich Produkte von Informationen und Algorithmen sind.

Am Ende verlässt Lucy schließlich die viel zu enge Hülle des Körpers und geht in einem Supercomputer auf. Im letzten Stadium kontrolliert dieses neue Wesen alle Informationen und beherrscht Raum und Zeit nach Belieben. Die Mikrowelt ihres Gehirns ist nicht von der Makrowelt des Kosmos zu unterscheiden; Denken ist ganz offensichtlich nichts anderes als ein Rechenprozess, der, wenn er nur gut genug ist und über ausreichend Zugriff auf Speicher verfügt, alle bislang für gültig erachteten Gesetze, die ganze überkommene

Physik, außer Kraft setzt. Zuses »Rechnender Raum« lässt sich kaum treffender veranschaulichen. Am Kern allen Seins operieren nur Algorithmen. Letztlich gibt es nichts anderes als endlose Ketten von Nullen und Einsen, die immer aufs Neue verrechnet und modelliert werden. Auch Wolfram dürfte an dem Film Freude gefunden haben.

Besson, der es wie kaum ein anderer schafft, klare – meist zu klare und damit vergleichsweise einfache – Thesen ins Bild zu setzen und Ambivalenzen zu überdecken, beendet den Film auf eine einigermaßen komische Weise. Die zum Supercomputer mutierte Lucy übergibt den staunend herumstehenden Wissenschaftlern einen USB-Stick, um ihrer evolutionären Verpflichtung Genüge zu tun und ihre Informationen weiterzugeben. Anschließend verabschiedet sie sich in den Orbit der Informationen und wird gewissermaßen gottgleich. Diese bizarre Szene provoziert nicht nur ein amüsiertes Schmunzeln. Sie beantwortet zugleich eine vielleicht philosophisch zu nennende Frage: Was genau die Wissenschaftler um Morgan Freemann als altem Neurophilosophen auf dem Stick finden und welchen Effekt dieses Wissen haben könnte, verschwindet im Black Screen, gefolgt vom Abspann. Genau in dem Moment, wenn die Angelegenheit spannend wird, wenn eine Antwort auf die großen Fragen zum Menschen und seinem Sein nur noch einen Handgriff entfernt liegen, bricht die Erzählung ab. Die Wahrheit der menschlichen Existenz oder das Reale, wie es Lacan nennt, lässt sich offenbar nicht darstellen, und der ganze philosophische Zauber des Films bricht in sich zusammen. Wahrscheinlich ist der Datenträger leer. Bis zu diesem Punkt allerdings übersetzt der französische Filmemacher die Phantasien der Informationstheorie nahezu perfekt.

Wally Pfisters Film *Transcendence*, der im selben Jahr in die Kinos kommt wie *Lucy*, spielt schon im Namen damit, ontologischen Wahrheiten auf die Schliche zu kommen. Passend dazu gelingt hier der vollständige Upload eines menschlichen Gehirns, was in der filmischen Fiktion auch das Bewusstsein digital überleben lässt. Die restlose Überschreitung aller bisherigen menschlichen Erkenntnisse leisten Nanoroboter, die alle Krankheiten heilen und im Handumdrehen Materie jeder Art reproduzieren können. Wolframs Minialgorithmen, die das eigentliche Sein ausmachen würden und eine völlig neue Wissenschaft ermöglichen, erreichen so – verkleidet als für Zuschauer verständlichere Miniaturcomputer – ein Massenpublikum.

Mit typischer Selbstverständlichkeit wird in der Science-Fiction-Komödie *Guardians of the Galaxy* (2014, Regie James Gunn) eine ziemlich kluge und quasimenschliche Kreatur, ein Waschbär, als Produkt »illegaler Gen- und Kybernetikexperimente« dargestellt. Auch die seit 2016 laufende HBO-Serie *Westworld* spielt mit einer vollständigen Verdopplung der Welt durch Rechenmaschinen. Anders als bei der Filmvorlage von 1973, bei der Michael Crichton das Drehbuch schrieb und Regie führte, werden die zum Vergnügen erschaffenen Androiden in der Serie unbeabsichtigt menschlich, was den Plot würzt und die Brücke zur digitalen Ontologie schlägt. Irgendwann im Verlauf der Serie ist schließlich nicht mehr klar, ob die Maschinen menschlich werden oder Menschen auch nur Maschinen sind. In der temporeichen BBC-Krimiserie *Sherlock* (seit 2010) hält der Protagonist schließlich trocken fest, dass Intuitionen Daten repräsentieren, »die für die Aufnahme in das Bewusstsein zu schnell verarbeitet wurden«. Im Film *Ex Machina* (2015, Regie Alex Garland) gelingt es schließlich ebenfalls, auf digitaler Basis ein neues, in allen Belangen menschliches Wesen zu erschaffen, das letztlich seinen eigenen Weg geht. Dies sind nur einige Beispiele für Adaptionen oder Verarbeitungen eines fulminanten und ins Selbstverständliche eingesickerten informationstheoretischen Wissens.

Insgesamt ist vor allem das Genre des futuristischen Films, das bekanntlich viel über das jeweilige Denken (oder den Diskurs) der

Zeit aussagt,[211] von der Idee fasziniert, dass die Digitalität alles Materielle (und alles nur Menschliche) in den Bann schlägt oder zum banalen Oberflächenphänomen degradiert. Was, wie bereits erwähnt, in den heiligen Hallen der Universitäten häufig belächelt wird, hat dennoch einigen Einfluss und formt im Genre explorativer Spekulation eine neue technisch fundierte Transzendenz. Upload, »it from bit« und die Hoffnung auf eine bald etablierte Universalsprache fungieren als Kontingenzverleugnung. Technische Phantasien schüren die Hoffnung darauf, endlich wieder auf Gewissheiten bauen und Letztbegründungen abliefern zu können. Computer, Digitalität und am Kern der Angelegenheit die Information schicken sich an, den anthropologischen Zweifel zu beseitigen und das allzu menschliche Philosophieren als vielleicht schlaues, aber letztlich bedeutungsloses Geschwätz von früher zu erkennen. »Die wahre Barriere«, schreibt der Direktor des *Center for Bits and Atoms* am MIT Neil Gershenfeld in seinem illustren Buch mit dem reißerischen Titel *Wenn die Dinge denken lernen*, ist jene »zwischen digitaler Information und gegenständlicher Welt«.[212] Und Barrieren müssen schließlich eingerissen werden.

211 Vgl. Horn: *Zukunft als Katastrophe*.

212 Neil Gershenfeld: *Wenn die Dinge denken lernen*, München, Düsseldorf: Econ, 1999, 15.

3. EXKURS: STRIKING NEW? VERSIONEN DER INFORMATIONSGESELLSCHAFT

Es ließe sich einwenden, dass länger schon und aus anderen Gründen von Informationsgesellschaft die Rede ist, weil sich die Welt im Verlauf des 20. Jahrhunderts technologisch und sozial substantiell gewandelt hat. Die bisher beschriebenen wissensgeschichtlichen Irritationen oder Debatten um einen Begriff wären dann nur die üblichen Querelen im akademischen oder intellektuellen Milieu und würden nichts an der Tatsache ändern, dass die Welt nun mal eine andere geworden ist, seit es Netzwerke, Datenautobahnen und Mikrochips gibt. Und tatsächlich haben die entsprechenden Bauteile samt der dazugehörigen Software das ökonomische und soziale Leben auffällig durchdrungen. Als Verdichtung, als Nomos der Gegenwart, scheint das Wort zunächst also treffend wie kein anderes.

Dabei sind Versuche, Gesellschaften oder Weltbeschreibungen in einem Wort, in einem Kompositum zu verdichten, immer schon schwierig. Die Wortverbindung aus *Nomen* und Gesellschaft legt nahe, dass das jeweils Benannte alles oder mindestens alles Wichtige über einen konkreten Zeithorizont aussagt. Die Reduktion von Komplexität ist ein berechtigtes Anliegen. Alles in einem Wort zu sagen, läuft allerdings sehr schnell Gefahr, einen Teil für das Ganze zu nehmen und einer phantasmatischen Verallgemeinerung aufzusitzen. Im Fall des Begriffs Informationsgesellschaft wäre es schon hilfreich, den ersten Teil des Kompositums etwas genauer zu bestimmen.

Die gefällige Rede von Informationsgesellschaft mag zunächst einleuchtend erscheinen, sie wird genauer besehen jedoch undeutlich. Die beschriebene Dopplung in Bezug auf den Begriff Information – restlose Klarheit ob ihrer Existenz und beinahe endlose Wirren, wenn der Sinn des Worts ausbuchstabiert werden soll – färbt auch auf das Kompositum ab. Was selbstverständlich scheint, lässt sich soziologisch oder ökonomisch nicht schlüssig herleiten, jedenfalls nicht in Bezug auf die beinahe totale Dimension, die das Wort Informationsgesellschaft andeutet.

Der Gedankengang etwa, dass neue Maschinen die Welt grundlegend ändern, drängt sich auf. Die Dampfmaschine war ebenfalls mit dieser Kraft ausgestattet und hatte das soziale Gefüge auf der einen und das Verhältnis von Mensch und Welt auf der anderen Seite folgenreich geändert. Nachdem die Arbeitskraft des Menschen bereits in Teilen substituiert wurde, sei mit den Rechenmaschinen nun das Denken, die geistige Arbeit an der Reihe. Und wieder scheint es nur zu einleuchtend, dass das Soziale genauso wie das Selbstverständnis des Menschen neu justiert werden müssen.

Der technische Zug nimmt bereits vor dem Zweiten Weltkrieg mit dem Radio Fahrt auf; seit den 1950er und 1960er Jahren drängt das Fernsehen nach vorn und die Kunde von schlauen Rechenmaschinen spricht sich herum – zunächst als Mythos, dann als Prognose. Ab den 1970er Jahren kommen Computer schrittweise im Alltagsleben der Menschen an. Die Logik dieser Verallgemeinerung ist ziemlich simpel: Die neuen Maschinen sind für radikale Veränderungen verantwortlich, was unzweifelhaft einen neuen begrifflichen Nexus der Gesellschaft erfordert. Die Reise geht vom Atom zum Bit und krempelt alles um.[213] »Alle, wirklich alle, Individuen und Unternehmen

213 Vgl. Negroponte: *Total digital*; Dertouzos: *What will be*; David S. Landes: *The Unbound*

verwetten ihre Zukunft auf die Herstellung jener Elemente, die den information highway Realität werden lassen«, ist sich Bill Gates 1995 sicher.[214] Der Zukunftsforscher (was auch immer das genau sein mag) Alvin Toffler prägte für diese Überlegungen die Formel der »drei Wellen«, welche die Menschheitsgeschichte selbst ausmachen würden. Die erste sei mit der Erfindung der systematischen Landwirtschaft und die zweite mit der Industrialisierung über die Welt geschwappt. Die dritte ist nun wenig überraschend jene der Computer.[215]

Losgelöst vom Umstand, dass Rechenmaschinen einiges in Bewegung gebracht haben, bleibt ungeklärt, warum gerade Speicherchips, Transistoren und Hartplatinen der gesamten Gesellschaft derart ihren Stempel aufdrücken sollten. Wie Frank Webster süffisant bemerkt, fehlt ein Maß, eine Einheit, um den tatsächlichen Einfluss darzustellen. Rechenmaschinen sind mittlerweile, soviel ist kaum zu bestreiten, überall. Es bedarf dennoch eines »technologischen Determinismus«, um die prozessierenden Geräte für derart essentiell zu halten, dass sie tatsächlich für die Gesellschaft als solche namensgebend sein dürften.[216] Zur Illustration dieses Umstands bedient sich Webster einer Analogie. Im 20. Jahrhundert haben Autos und Flugzeuge bzw. motorisierte Mobilität überhaupt eine zentrale Rolle eingenommen. Bis heute prägen entsprechende Geräte das Bild halbwegs großer Städte. Die dazugehörigen Wirtschaftszweige sind riesig, und vermutlich hat kein zweites Element besiedelte (und teils unbesiedelte) Regionen der Erde deutlicher umgestaltet als die Straße, als

Prometheus: Technological Change and Industrial Development in Western Europe from 1750 to the Present, Cambridge: Cambridge University Press, 1969.

214 Bill Gates: *The road ahead*, London: Viking Press, 1995.

215 Alvin Toffler: *Power Shift: Knowledge, Wealth, and Violence at the Edge of the 21st Century*, New York: Bantam Books, 1991.

216 Frank Webster: *The Information Society Revisited*, in: Leah A. Lievrouw/Sonia Livingstone (Hrsg.): Handbook of New Media, Thousand Oaks, California: Sage, 2002, 255–266, hier 11.

endlose Kilometer Teer oder Beton. Und dennoch spricht niemand ernsthaft von einer Autogesellschaft.[217]

Ein weiteres Argument drängt sich zudem auf, mit dem die Bedeutung der Rechenmaschinen zumindest relativiert werden kann. Tofflers erste und zweite Welle haben, vorausgesetzt man lässt sich auf diese vereinfachende Beschreibung ein, im Bereich des Materiellen einschneidende Veränderungen hervorgerufen. Die Informationstechnologie unterstützt zwar auch die praktisch produzierenden Sektoren, aber noch hat sich niemand von Nullen und Einsen ernähren oder mit ihnen fortbewegen können. Man mag also den Einfluss der neuen Maschinen gewichten und für relevant erachten. Alleinig strukturgebend, wie mit dem Begriff Informationsgesellschaft assoziiert, sind sie nicht unbedingt. Außerdem wäre zu fragen, warum die herausragende Bedeutung der neuen Maschinen nicht zum Begriff Computer- oder Rechnergesellschaft geführt hat. Schließlich ist Information um einiges allgemeiner und adressiert einen viel breiteren Horizont.

Andere Versuche, zeitgenössische Gesellschaften als Informationsgesellschaften dingfest zu machen, stellen weniger auf die Maschinen selbst ab, um stattdessen die Art des Wirtschaftens insgesamt in den Blick zu nehmen. Unweit der durchaus relevanten Vorstellung einer Dienstleistungsgesellschaft hat sich, ebenfalls seit den 1970er Jahren, die Idee Gehör verschafft, ein Großteil der ökonomischen Sphäre werde über Informationen, mit ihnen verbundene Dienstleistungen und Techniken gespult und würde dem Kompositum zur Geltung verhelfen. Im Hinblick auf den sogenannten tertiären Sektor, also jene Wirtschaftsbereiche, die sich vom Materiellen

217 Ebd. In Deutschland ist dies zwar mitunter der Fall, allerdings in einem viel kleineren Kontext und ohne unmittelbaren Bezug auf weltgeschichtliche Maßstäbe. Wir haben es vielmehr mit einem Spezifikum der industriellen Welt (also der zweiten Welle) zu tun, garniert mit deutscher Eitelkeit, was den Autobau angeht.

gelöst haben, mag das bis zu einem gewissen Punkt griffig sein. Der Einwand, dass die basale Welt der Materie (Essen, Wärme, Mobilität etc.) davon unbeeindruckt wichtig bleibt, lässt sich aber dennoch nicht austreiben. Autoren wie Fritz Malchup oder Marc Uri Porat haben versucht, dieses Problem zu umgehen, indem sie von »knowledge industries« oder »secondary information sectors« gesprochen haben.[218] Gemeint sind, wenn man so will, reale oder physische Dinge, die mittelbar zur Verarbeitung von Informationen dienen, etwa »information buildings« wie Bibliotheken, Serverräume oder Universitäten. So verrechnet ließen sich beinahe ökonomische Daten fixieren, mit denen die Rede von der Informationsgesellschaft unumgänglich wäre. Nur beinahe, weil auch in diesem Fall der Wille der Wirklichkeit Gewalt antut. Die Ausdehnung des Informationssektors auf diesen sekundären Bereich dezentriert den Gegenstand restlos, weil nicht zu erkennen ist, was dazu zählen könnte und was nicht. Warum sollte etwa die Nahrungsgrundlage einer Informatikerin nicht auch als sekundärer Zweig verrechnet werden? Man sieht, dass die Unterscheidung von Informations- und Nicht-Informationssektor nicht haltbar wäre, womit sich der Gegenstand selbst ad absurdum führt.

Im langen Schatten des einschlägig bekannten Daniel Bell und in unmittelbarer Nachbarschaft zu ökonomischen Versuchen hat sich zudem die Perspektive herauskristallisiert,[219] dass die berufliche Lebenswirklichkeit Kriterium für das Informationszeitalter sein könnte. »Intuitiv scheint es richtig, dass ein Minenarbeiter zum [alten] industriellen und ein Reiseführer zum informationellen Sektor

218 Vgl. Machlup: *The Study of Information*, Marc Uri Porat: *The Information Economy: Definition and Measurement*, Washington: U. S. Government Printing Office, 1977, www.files.eric.ed.gov/fulltext/ED142205.pdf (Zugriff am 26. April 2017) und Charles Jonscher: *Wired life*, New York: Bantam, 1999.
219 Daniel Bell: *The Coming of Post-Industrial Society*, New York: Basic Books, 1973.

gehören.«[220] In Wirklichkeit allerdings sind die Dinge viel komplizierter. Einerseits weil auch ein Minenarbeiter mit Informationen, also Lichtsignalen und Schildern, umgehen muss. Und andererseits weil sich der Reiseführer beinahe unzähliger Dinge bedient, die materieller Natur sind und es ihm erst ermöglichen, seinen Job auszuüben. Die Trennlinie zwischen den Sektoren ist also fast bis zur Unkenntlichkeit perforiert,[221] was nicht zuletzt daran liegt, dass das informationstheoretische Denken schon seit den 1950er Jahren ontologische Schlagseite bekommen hat.

Die Art des spätmodernen Arbeitens als strukturgebend für die Gesellschaft zu nehmen, ist außerdem Folge einer vielleicht postkolonial zu nennenden Wahrnehmungsverzerrung. Es stimmt zwar, dass in den sogenannten entwickelten Ländern mittlerweile viel mehr Leute am Rechner arbeiten und deutlich weniger Menschen körperlich. Diese Praxis allerdings wird erst von Wirtschaftszweigen ermöglicht, die aus dem Blickfeld der westlichen Welt gerückt wurden: Für die digitale Arbeit müssen Bodenschätze gehoben, Rechner zusammengeschraubt und Klamotten genäht werden. Die Rede von der Informationsgesellschaft als eine der Arbeitsweisen ist also stark verkürzend – und ziemlich krass vor dem Hintergrund der teils brutalen Ausbeutungsverhältnisse in den aus den Zentren verlagerten Wirtschaftszweigen.

Der Sturz der Materie hätte auch eine substantielle Veränderung der Raum- und Zeitwahrnehmung zur Folge – was oft als ein weiterer Aspekt im Hinblick auf das Eigentliche der Informationsgesellschaft verhandelt wird.[222] Die vernetzte Gesellschaft,[223] so ist seit einiger Zeit

220 Webster: *The Information Society Revisited*, 15

221 Vgl. u. a. Harold Perkin: *The Rise of Professional Society. England since 1880*, New York: Routledge, 2006.

222 Vgl. Gilder u. a.: *Cyberspace and the American Dream.*

223 Vgl. James Martin: *The Wired Society*, Engelwood Cliffs: Prentice-Hall, 1978.

zu lesen, würde das alte, an den physischen Raum gebundene Sozialgefüge aus den Angeln heben und – erneut – den Begriff Informationsgesellschaft rechtfertigen.[224] Soziale Praktiken würden, aufgrund von Echtzeitinformationsflüssen, ihren Raumbezug verlieren, ihre Bindung an lokale Gegebenheiten und Beschränkungen.[225] Das ist sicher nicht falsch, schließlich verändert es doch einiges, wenn man etwa einen Aufstand in Seattle live am Berliner Bildschirm verfolgen kann. Allerdings lässt sich auch hier fragen, ob die Neuerungen tatsächlich substantiell oder doch eher graduell sind. Informationsnetzwerke wie Postwege, Telegramme und Telefone lassen bereits länger einen beinahe globalen Austausch zu. Zwar haben sich die Dinge beschleunigt, aber prinzipiell ist die Vernetzung der Welt schon um einiges älter. Was also grundlegend neu ist am digitalen Informationsnetz und inwiefern es die Gesellschaft völlig neu justiert, bleibt offen.

Ein raumbezogener Begriff von Informationsgesellschaft verspricht jedoch weit mehr als nur die fast unmittelbare Verfügbarkeit weltweiter Nachrichten oder Bewegtbilder. Der Sturz der Materie sei radikaler und rechtfertige daher einen neuen Gesellschaftsbegriff, weil der physische Raum zur Marginalie wird: »So wie der Hypertext die Grenzen der gedruckten Seite aufhebt, wird das Postinformationszeitalter die Beschränkungen der Geographie überwinden. Im digitalen Leben ist es nicht wichtig, zu einer bestimmten Zeit an einem bestimmten Ort zu sein, da die Übertragung der Orte möglich werden wird«,[226] schreibt der MIT-Professor Nicholas Negroponte bereits

224 Vgl. Iann Barron/Ray Curnow: *The future with microelectronics*, Milton Keynes: Open University Press, 1979, etwas später John Urry: *Mobile sociology1*, in: The British Journal of Sociology 51.1 (2000), 185–203, www. onlinelibrary.wiley.com/doi/abs/10.1111/j.1468-4446.2000.00185.x (Zugriff am 20. September 2018).

225 Vgl. Castells: *Das Informationszeitalter*.

226 Negroponte: *Total digital*, 204. Warum Negroponte von »Postinformationszeitalter« spricht, bleibt nebulös. Explizit ist damit die Personalisierung der Computer bzw. der Datensätze gemeint, also die dichtere Bindung digitaler Datensätze ans Subjektive oder Persönliche.

1995. Selbst ein Urlaubsausflug in die Schweiz sei digital zu haben, inklusive des in Nullen und Einsen übersetzten Jauchegeruchs auf der Alm.[227] Solche euphorischen Prognosen, die sich parallel und in großer Zahl etwa zum Thema Bewusstseinsupload finden lassen, verdrängen den eigentlich simplen Umstand, dass für solche Reisen eine Menge Hardware nötig ist (genauso wie der erhoffte Upload die Leiblichkeit systematisch ausklammert und das Subjektive auf die reine Kognition verengt). Die euphorische Hochrechnung digitaler Möglichkeiten verdrängt die dafür nötige Materialität. Zudem bleibt fraglich, ob es je gelingen kann, die digitale Verdopplung so weit zu treiben, dass tatsächlich die Differenz zwischen den komplexen Sinneseindrücken auf einer Schweizer Alm und ihrem Replikat aufgehoben sein könnte. Die verlustfreie Übertragung des einen in das andere würde bedeuten, die Welt als ganze, umfänglich und vollständig, in Null und Eins zerlegen zu können. Negroponte, um bei diesem Beispiel zu bleiben, kauft sich also mit seiner Vision die ganze digitale Ontologie ein, in deren Folge die IT-Technik die »allumfassende Intelligenz Gottes« darstellt, »eines Gottes freilich, der zur Gänze unsere Schöpfung ist«.[228]

Die Rede von der Informationsgesellschaft hat – in Bezug auf soziale, politische oder ökonomische Kriterien – schließlich dann ein gewisses Maß an Berechtigung, wenn der Begriff Information diverse

227 Ebd.

228 Webster selbst, der geschickt die verschiedenen Definitionsversuche von Informationsgesellschaft auf ihre Schwachstellen hin überprüft, zerlegt zwar beharrlich den Informationsbegriff, hält aber an einer neuen Zeit (»information age«) fest. Er behauptet, dass es eine neue Form des »theoretical knowledge« gibt, die strukturgebend ist und gleichsam in allem steckt. Gerade das (also die Leugnung, dass die Dinge nach wie vor umstritten sind und es epistemische Brüche gibt) klingt wie eine Bestätigung des ideologischen Charakters des Informationsdenkens, weil Webster ein neues theoretisches Denken von einem alten qualitativ scharf trennen muss. Während das alte unsicher, tastend und streitbar war, ist das zeitgenössische anders, also stabil und auf dem richtigen Weg, vgl. Webster: *The Information Society Revisited*.

technische Neuerungen, veränderte Arbeitsformen und Kommunikationswege, die Degradierung des physischen Raums und Phänomene der Beschleunigung oder des sogenannten Cyberspace aufnimmt. Das ist mächtig viel für ein solches Wort. Und es zeigen sich überall Risse, Unklarheiten oder Überzeichnungen. Den wesentlichen Schwachpunkt der Versuche, Informationsgesellschaften zu vermessen, hat Roszak schon vor einiger Zeit benannt, als er darauf hinwies, dass das Denken in ubiquitären Informationen, also der Informationskult, nicht zwischen Wissen, Erfahrungen, Weisheit, Urteilen, Klischees oder Behauptungen unterscheiden kann. Alles wird im allgemeinen Maß »Information« verrechnet, alle Differenzen werden getilgt.[229]

Die wissensgeschichtliche oder epistemologische Rolle des leeren Signifikanten, die Historizität der Idee oder Vorstellung »Information«, bleibt zudem beständig außen vor, obwohl sie sich angesichts der Wirrungen und Dopplungen des Begriffs geradezu aufdrängt. Letztlich bleibt der Eindruck, dass der Tatbestand »Informationsgesellschaft« zugleich Ausgangspunkt und Ergebnis der Analysen ist, dass also der Erkenntnisweg umgekehrt vollzogen wird und wacklige Momente oder Unklarheiten mit der Antizipation technischer Entwicklungen umschifft werden. Rückblickend liegt der Verdacht nahe, dass es nur logisch gewesen sein muss, Information als bedeutendstes strukturgebendes Element, als unstoffliche Substanz hinter der basalen Materialität vor -gesellschaft zu setzen; dies gilt besonders, wenn

229 Roszak: *Der Verlust des Denkens*, 14. »Auch die Computer«, schreibt Niklas Luhmann treffend, »speichern und verarbeiten, wie man sagt, Informationen: aber ihre Schaltzustände sind und bleiben unsichtbar, und man muß schon wissen, was man wissen will, um ihnen Schrift, Tabelle, Bild oder Sprache zu entlocken«, Niklas Luhmann: *Entscheidungen in der »Informationsgesellschaft«. Skript eines Vortrags, gehalten an: »Soft society: eine internationale Konferenz über die kommende Informationsgesellschaft«*, 1996, www.fen.ch/texte/gast_luhmann_informationsgesellschaft (Zugriff am 20. Juni 2018).

eine Idee oder eine neue Beschreibungsperspektive so weitreichenden Einfluss hat und vom Denken und Fühlen der Menschen bis zum Raketenabwehrgeschütz gleichsam alles »formatiert« und zudem die düsteren thermodynamischen Aussichten umschifft.

Einerseits war schon in den 1960er Jahren absehbar, dass Touchdisplays und kleine Rechner alsbald das praktische Verhältnis von Mensch und Welt umwälzen würden. Andererseits provozierten informationstheoretische Lösungs- und Deutungsvorschläge den Gedankengang, dass mit dem Perspektivwechsel vom Materiellen zum Digitalen umfassende und diesmal wirklich zufriedenstellende Antworten auf die großen geschichtlichen Fragen in Aussicht stünden. Die scheinbar logische Konsequenz einer Essentialisierung von Informationen – also der Auffassung, dass sie vorgelagert, ahistorisch oder ontologisch stabil sind, dass »it from bit« stamme und am Anfang nicht das Wort, sondern die Information war – besteht darin, den historischen Prozess, die Geschichtlichkeit selbst an ihrem Ende zu vermuten. Mit dem Begriff und den informationstheoretischen Neuerungen hätten die beinahe zahllosen erkenntnistheoretischen Schlenker der Menschheitsgeschichte ein Ende gefunden; das Wissen sei zu sich selbst gekommen. Alle bisherigen Gesellschafts- oder Wissensordnungen geben sich in dieser Denkspur nur als verschiedene Varianten von Informationsgesellschaften zu erkennen. Das »epistemische Gravitationszentrum« prägt wie selbstverständlich ein neues Gesellschaftsmodell und das einigermaßen berühmte Schlagwort vom Ende der Geschichte lässt sich so möglicherweise anders einordnen.

Rudi Rucker, Mathematiker und Philipp K. Dick-Preisträger, deutet exemplarisch die gesamte Ideengeschichte (»A History of Ideas«) als eine der Zahlen, die schließlich bis zur Information, bis zu Null und Eins, vorangeschritten sei. Schon das Mittelalter sei eine Zeit der Zahlen gewesen. Mit der Renaissance nimmt die Sache richtig

Fahrt auf und kommt in der Postmoderne zu sich, also zur Information und den entsprechenden Rechenapparaturen.[230] Parallel dazu hat auch der Mensch sich selbst gefunden und sein Funktionsprinzip erkannt. In der Postmoderne sei es endlich normal, schreibt Rucker, das eigene Selbst als ein »unabgeschlossenes System prozessierender Informationen« zu verstehen und nicht mehr »als unsterbliche Seele«.[231] Die kosmische Unsicherheit, welche die Moderne noch zu verschiedenen Theorien und Phantasien inspirierte (etwa zur Thermodynamik), lässt sich, schließt Rucker trocken, als faktische und damit überwindliche Limitierung menschlicher Informationskomplexität verstehen. Wenn wir nur komplexer prozessieren, kläre sich auch die Letztbegründung des Seins.

Auch der Informationsphilosoph Floridi ist von der Idee beseelt, alle bisherigen Debatten neu zu justieren. Neben vielen anderen Anverwandlungen decodiert er die Philosophiegeschichte als Vorspiel und schreibt lässig: »Von Descartes bis Kant lässt sich die Epistemologie als Teilgebiet der Informationstheorie verstehen.«[232] Das heißt freilich auch, dass Floridi von einer erhabenen Perspektive auf die gesamte Wissensgeschichte schaut, ohne zu bedenken, dass auch »sein« Diskurs Diskurs ist, dass auch das Zentrum seines Denkens, die Information, ein Begriff mit historisch geprägten und prinzipiell wandelbaren Sinnkonstellationen ist.

Wer den geschichtlichen Prozess als solchen durchdrungen zu haben glaubt, sieht sich zwangsläufig als Krone der Schöpfung – und kehrt im Windschatten technischer Entwicklungen zu metaphysischen Spekulationen zurück. Was den Marxisten des 19. Jahrhunderts der Kommunismus war, ist den Aposteln der Informationstheorie

230 Rucker: *Mind Tools*, 33f.

231 Ebd., 35.

232 Floridi: *The Philosophy of Information*, 20.

die Digitalisierung: der finale Zustand der menschlichen Entwicklung, auf den alles hinausläuft. Hegels Weltgeist. Damit wird nicht nur ein erkenntnistheoretisch überholtes teleologisches Geschichtsverständnis aktualisiert (also die Idee, an einem Ziel anzukommen), sondern gleich noch die baldige Ankunft im Paradies verkündet.

Foucault schließlich schreibt, dass wir in der »Epoche des Raumes, [...] des Simultanen«, in jener »des Nahen und des Fernen, des Nebeneinander, des Auseinander [sind]. Wir sind, glaube ich, in einem Moment, wo sich die Welt weniger als ein großes, sich durch die Zeit entwickelndes Leben erfährt, sondern eher als ein Netz, das seine Punkte verknüpft und sein Gewirr durchkreuzt.«[233] Der Professor für die »Geschichte der Denksysteme« ahnte vermutlich nicht, dass seine schlaue und weitsichtige Beschreibung eines Tages als Glaubenszusammenhang dienen und gerade aus der Foucaultschen »Unerbittlichkeit der Historizität« vermeintlich herausführen würde.

Was genau der Begriff Informationsgesellschaft bedeuten soll und ob wir in einer solchen leben, bleibt letztlich unklar. Die vielen (hier nur grob angedeuteten) Versuche, durchaus einschneidende Veränderungen begrifflich zu fassen, tragen jeweils nur ein Stück weit. Dahinter werkelt ein wissensgeschichtlicher Prozess, der sich dankbar auf neue Techniken stürzt, eine bessere, viel bessere Welt prognostiziert (oder deren baldigen Untergang) und unter der Hand eine neue Form technisch zusammengeschraubter Transzendenz hervorbringt. Sicher nicht zufällig weiß Wikipedia zu berichten, dass die wichtigsten »Quellen für die Konzeption der Informationsgesellschaft [...] das Kommunikationsmodell von Claude Elwood Shannon sowie die einschlägigen Arbeiten des österreichisch-amerikanischen Kybernetikers Norbert Wiener [sind], der als Mitbegründer der modernen Informationstheorie bereits 1948 die mit der

233 Foucault: *Andere Räume*, 34.

Automatisierung von Produktionsprozessen einhergehenden Umschichtungen in der Gesellschaft prognostizierte«.[234] Anschließend »informiert« die Online-Enzyklopädie über unterschiedliche Versuche, die »Informationsgesellschaft« in der Wirklichkeit zu verankern. Ziemlich offensichtlich allerdings spuken in all dem Information und Rechenmaschine als *Deus ex Machina* in digitaler Form herum; die epistemologische Verschiebung vom entropischen (oder geschichtlichen) Problem zu seiner vermeintlichen ahistorischen Lösung im Rahmen der auf alles Mögliche übergreifenden Informationstheorie ist, anders formuliert, das wissensgeschichtliche Fundament, auf dem der Rest aufbaut. Die Information als Phantasma, als leerer Signifikant, gleichzeitig allgegenwärtig und unterbestimmt, hält eine Ordnung des Wissens zusammen, die es trotz aller Unklarheiten für geboten hält, von einer Informationsgesellschaft zu reden.

Und tatsächlich: In einem etwas anderen, weniger an empirischen Befunden orientierten Sinn und der angenommenen Kraft beraubt, Wirklichkeit halbwegs treffend abzubilden, lässt sich doch von einer Informationsgesellschaft reden: als Diskurseffekt, als neue technisch gestützte Transzendenz, als Heiliger Geist oder als Wette auf die Zukunft, die in der Gegenwart ihr Unwesen treibt. Was als Reaktion auf das entropische Ende in den 1940er Jahren seinen Anfang nahm, hat sich tief ins Denken der Zeit eingeschrieben. Nichts Geringeres als Subjekt, Welt und Denken werden an beinahe unzähligen Stellen als Informationsflüsse »decodiert«, was selbst ein geschwätziger Begriff ist, denn decodieren lassen sich nur zuvor codierte oder als Codierung vorliegende Dinge. Auf den folgenden Seiten werden einige Elemente dieser epistemischen Ordnung zusammengetragen, ohne

234 Eintrag zu Informationsgesellschaft: www.de.wikipedia.org/wiki/Informationsgesellschaft (Zugriff am 18. Mai 2017).

in einem kohärenten oder systematischen Zusammenhang zu stehen. Das informationstheoretische Denken scheint an so vielen Stellen durch, oft assoziativ oder spekulierend, sodass der Versuch einer genaueren Bestandsaufnahme eine fast endlose Serie an Beispielen aus Politik, Wissenschaft und Popkultur provozieren und diesen essayistischen Versuch restlos überfordern würde.

4. DIE NEUE GÖTTLICHKEIT

Im frühen 21. Jahrhundert ist Information also eine Metapher für vieles und Bestandteil eines Kompositums, das als Name gewissermaßen die (westliche) Welt einzufangen behauptet. Vor allem taugt Information dazu, der Hoffnung Nahrung zu geben, dass die Rätsel bald gelöst sein werden. Im Prinzip, so die übliche Tonlage, wissen wir schon, wie Bewusstsein, Universum und alles dazwischen funktioniert. Lediglich die konkreten Übersetzungen, die feine Programmierung und die Details müssen noch geklärt werden. Wolfram hält sein Buch *A New Kind of Science* nicht zufällig für mindestens genauso wichtig wie Charles Darwins *Über die Entstehung der Arten.*

Jenseits dieser genauso großspurigen wie einflussreichen Versuche breitet sich der Begriff im Wissen aus, ohne jedoch klare Konturen zu bekommen. Was als technische Lösung zur Signalübertragung auf längeren Strecken seinen Anfang nahm und dabei einen älteren Begriff umformte, hat einerseits so etwas wie eine ontologische Selbstverständlichkeit provoziert (»selbstredend gibt es Informationen«). Andererseits gibt es mittlerweile zuhauf Definitionsversuche. Die Internetseite Biblionetz[235] – eine recherchetaugliche Literaturliste zu 29 Themen rund um Digitalität und Computer, die »Informationen zu über 6.000 Büchern« liefert – listet einige Anläufe zur Präzisierung des Begriffs samt ihrer Urheber auf: »Nachricht von einem Unterschied« (Gregory Bateson); »Jeder Unterschied, der einen

235 www.beat.doebe.li (Zugriff am 12. Januar 2017).

Unterschied macht« (derselbe); »Unwahrscheinlicher, nichtprogrammierter Sachverhalt« (Vilém Flusser); »Information ist nutzbare Antwort auf eine konkrete Fragestellung« (Carl August Zehnder); »Informationen sind kontextualisierte Daten« (ThinkTools AG); »Informationen sind Impulse der Außenwelt, die sich in ›bits‹ messen lassen« (im Buch *Didaktisches Handeln in der Erwachsenenbildung*); »Information ist natürlich der Prozess, durch den wir Erkenntnis gewinnen« (Heinz von Foerster); »Ich verstehe hier unter Information und Bedeutung eines Signals die Wirkung, die dieses Signal auf die Struktur und Funktion eines neuronalen kognitiven Systems hat, mag diese Wirkung sich in Veränderungen des Verhaltens oder von Wahrnehmungs- und Bewusstseinszuständen ausdrücken« (Gerhard Roth); »Information entsteht [...] als Ergebnis einer Interpretation der empfangenen Signale im Gehirn des Menschen. Daher ist Information nicht real existent« (Christian Heinisch).[236] Das sind freilich nur einige der dort aufgeführten 25 Versuche. Nachdem er auf 20 Zeilen unzählige Dinge benannt hat, die letztlich nur Informationen sind, stellt der Informatiker Michael Dertouzos schließlich unabsichtlich vielsagend fest: »Information ist nicht leicht zu definieren; daher sind Beispiele notwendig.«[237]

Wir haben es also mit einer veritablen Dopplung zu tun: Chaos, wenn es konkret wird, und restlose Klarheit, solange die Frage allgemein, seinsmäßig oder eben ontologisch wird. Im Detail, jenseits

236 Quelle: www.beat.doebe.li/bibliothek/w00021 (Zugriff am 16. Mai 2017). Der Informationswissenschaftler Rainer Kuhlen hat bereits 2004 eine Liste unterschiedlicher Definitionsversuche von dieser Seite abgebildet. Sein Text soll insgesamt »viele Informationen über ›Informationen‹« liefern, was bereits die Selbstbezüglichkeit des Signifikanten – und damit seine Leere – anzeigt, Rainer Kuhlen: *Information*, in: Rainer Kuhlen/Thomas Seeger/Dietmar Strauch (Hrsg.): Handbuch Grundlagen von Information und Dokumentation, München: Saur, 2004, 3–20, 3f. Eine ähnliche Kritik formuliert Zoglauer: *Can Information be Naturalized?*.

237 Dertouzos: *What will be*, 75.

der bloßen Existenzfrage, erscheint Information mal als ordnungsstiftendes Maß, mal als irreduzible Unterscheidung zwischen Null und Eins, als Technik der Übertragung, als Fakt, als Wissen oder als Praxis. Weitere Verästelungen werden mit Attributen möglich, etwa syntaktisch, semantisch oder pragmatisch. Epistemologisch beschaut wird »Information« gerade durch ihre Unklarheit zum mythologischen Marker, zum »epistemischen Gravitationszentrum«,[238] das Denken, Sein und Universum erklärt oder mindestens bald erklären wird. Information ist gewissermaßen der perfekte leere Signifikant, weil er praktisch über- und theoretisch unterbestimmt ist.

Diese Dopplung liefert die gleichsam perfekte Kontur, um assoziativ überladen zu werden. Die Wissensbestände der Zeit vereinfachen die Dinge wie üblich und deuten alles Mögliche als Informationen und ihre Zirkulation. Das Phänomen selbst wird als digitales Objekt oder als digitale Objektivität naturalisiert: Alles lässt sich auf die einfachste mögliche Unterscheidung von Null und Eins reduzieren und alle Komplexität besteht letztlich nur aus milliardenfachen Varianten dieser Differenz.

238 Pias: *Das digitale Bild gibt es nicht*, 2.

Der Informationsmensch

In Wahrheit besteht ein Mensch nur aus einem kurzen Algorithmus. 10.247 Zeilen.

Westworld, Serie (2018, HBO)

Was so umfänglich Anspruch darauf erhebt, Erklärungen zu liefern, macht auch vor der altbekannten anthropologischen Nabelschau nicht halt. Der Mensch selbst wird zur digitalen Rechenmaschine. Ein kurzer Blick zurück: Als Foucault 1966 *Die Ordnung der Dinge* veröffentlichte, macht die Kunde von der »empirisch-transzendentalen Dublette« schnell die Runde.[239] Kurz gefasst deutete Foucault den Menschen als Erfindung der Humanwissenschaften des 19. Jahrhunderts, als unstrittige Voraussetzung *und* Objekt des Wissens, als eine gleichsam paradoxe Dopplung und als Erfindung jüngeren Datums. Die Idee des Menschen, wie sie von den Humanwissenschaften beschrieben und analysiert wurde, ist (nur) die Folge spezifischer »Dispositionen« des Wissens, eines Wissens des 19. Jahrhunderts, das einerseits den Fortschrittsglauben ins Werk setzte und andererseits ein entropisches Weltende antizipierte. Foucault verlegte damals einen möglichen Bruch der Episteme, ein Ende des Menschen als Dopplung aus empirisch-trivial und überlegen, weil erkenntnisfähig, also die moderne »anthropologische Illusion«, in eine ungewisse Zukunft.

Wenn diese Dispositionen verschwänden, so wie sie erschienen sind, wenn durch irgendein Ereignis, dessen Möglichkeit wir höchstens vorausahnen können, aber dessen Form oder Verheißung wir im Augenblick noch nicht kennen, diese

239 Foucault: *Die Ordnung der Dinge*, 384.

Dispositionen ins Wanken gerieten, [...] dann kann man sehr wohl wetten, daß der Mensch verschwindet wie am Meeresufer ein Gesicht im Sand.[240]

Schon 1966 hatten die Debatten um die »zwei Kulturen« und die neue Universalwissenschaft Kybernetik für einigen Gesprächsstoff gesorgt und Foucaults diffuse und in recht weiter Ferne liegende Erschütterung des Wissens eingeläutet. Ein neues und von Grund auf anderes Denken kündigte sich bereits lautstark an. Es wurde als »Gegenwissenschaft« verstanden, welche »die Humanwissenschaften in Frage« stellte. Und es bedeute, »Positivitäten in den Blick zu nehmen, [...] zu formalisieren statt zu anthropologisieren, zu demystifizieren statt zu mythologisieren und [...] zuletzt *zu denken, ohne dabei sogleich zu denken, daß es der Mensch ist, der denkt*«, wie Claus Pias die »kybernetische Unruhe« jener Jahre treffend umschreibt.[241]

Gerade diese Vision eines Denkens ohne die zweifelhafte Annahme eines Subjekts, eines Menschen, der immer schon denkt und gedacht hat, adressiert die Kybernetik bereits seit den späten 1940er Jahren und baut dabei unablässig auf »Information«. In diesem Kontext »dämmert das Denken als ein subjektloser Prozeß« und der Mensch als Hochleistungsrechenmaschine.[242] Foucaults kommendes »Ereignis«, das den Menschen aus dem Zentrum des Wissens vertreiben könnte, findet schon deutlich früher und mit einiger Breitenwirkung statt und konfiguriert das Wissen des Menschen von sich (und seinem Denken) neu. »Wo zuvor das Leben, die Sprache oder die Arbeit ihre Einheit im Menschen fanden, treffen sie sich nun, über seine Grenzen hinweg, in Regelkreisen von Information, Schaltalgebra und Feedback.«[243]

240 Ebd., 462.
241 Pias: *Zeit der Kybernetik*, 16, H. d. A.
242 Erich Hörl: *Das kybernetische Bild des Denkens*, in: Michael Hagner/Erich Hörl (Hrsg.): Die Transformation des Humanen. Beiträge zur Kulturgeschichte der Kybernetik, Frankfurt/Main: Suhrkamp, 2008, 163–196, hier 172.
243 Pias: *Zeit der Kybernetik*, 16.

Die Tilgung des Menschen als Ausgangspunkt allen Wissens generiert eine andere Vorstellung von Ordnung, von Wissen, die nicht mehr durch die fundamentale Spaltung oder das Dilemma der doppelten Existenz des Menschen geprägt ist. Wenn Wissenschaft und Gesellschaft lernen würden, kybernetisch oder informationstheoretisch zu *sehen*, wären sie in der Lage, diese alten Gräben und Brüche hinter sich zu lassen. Die kybernetische Perspektive, die im Kern darauf aufbaut, dass die Tools Information, System und Feedback tatsächlich alles beschreiben und am Ende erklären können, baut also eine »Brücke zwischen den Wissenschaften«,[244] eine Universal- oder gar »vereinigte Superwissenschaft«,[245] die aufgrund ihrer völlig neuen Perspektive die Kluft zwischen den »zwei Kulturen« zu überwinden in der Lage sei und den alten Menschen hinter sich lässt. Die Hoffnung besteht darin, dass »[m]oralische und wissenschaftliche Aspekte, natürliche und kulturelle Sphären in diesem Szenario [der Kybernetik] nicht mehr zu trennen« sind und die alten Konfliktlinien gleichsam hinfällig werden.[246] Die Philosophie als Instanz der metaphysischen Spekulation hat in diesem Kontext ausgedient:

> [Die] Kybernetik soll jenen Anspruch an (Letzt-)Begründung einlösen, den sonst die Philosophie gegenüber den anderen Wissenschaften behauptet hat, und sie soll zugleich auch noch dafür herhalten, den nicht anhaltenden Streit über die Anzahl, den Gegenstandsbereich und die Methode der unterschiedlichen Wissenskulturen zu schlichten.[247]

244 Frank: *Kybernetik*.

245 Michael Hagner: *Vom Aufstieg und Fall der Kybernetik als Universalwissenschaft*, in: Michael Hagner/Erich Hörl (Hrsg.): Die Transformation des Humanen. Beiträge zur Kulturgeschichte der Kybernetik, Frankfurt/Main: Suhrkamp, 2008, 38–72, hier 68.

246 Ebd., 47.

247 Stefan Rieger: *Kybernetische Anthropologie. Eine Geschichte der Virtualität*, Frankfurt/Main: Suhrkamp, 2003, 8.

Die Informationstheorie beansprucht folglich, die Dichotomien, die Gegensätze von Ethik und Wissenschaft, von Mensch und Welt (oder objektiver Realität) einzuebnen und in zirkulären Systemen und Regelungskreisen abzubilden. Damit wird die gesamte philosophisch-metaphysische Spekulation obsolet – nicht weil sie sachlich oder argumentativ falsch war, sondern weil ein informationstheoretischer Blick ihre Relevanz unterläuft, die entsprechenden Fragen buchstäblich erdet und in Regelkreisläufen und Feedbackschleifen aufgehen lässt. Genau in dieser Nivellierung von Physik und Metaphysik und im Ausstreichen des Subjekts oder des Menschen als apriorischem Ort des Denkens, steht das Projekt an, Rechenmaschine und Mensch, Automat und Körper, »*episteme* und *techne*« zu verschmelzen,[248] da es zwischen Mensch und Technik, zwischen Objekt und Subjekt keinen substantiellen Unterschied mehr gibt.

Selbst die Theologie ist affiziert: »Die alte Frage nach dem Verhältnis von Materie und Geist, Sein und Bewußtsein wird heute neu gestellt.« Dabei geraten »Normen und Bewertungsfunktionen« in den Blick eines neuen Denkens, und »die Aspekte für die Zukunft, [...] die Frage[n] nach dem Sinn des Fortschritts, [nach] Schuld und freie[m] Willen« können neu verhandelt werden.[249]

»Nun hören wir die logisch Geschulten unter unseren Lesern schon ein wenig bänglich fragen: Ja – lassen sich denn womöglich alle menschlichen Tätigkeiten, die sich so klar und simpel beschreiben lassen, von Maschinen bewerkstelligen?«, paraphrasieren Rolf Lohberg und Theo Lutz in ihrer populärwissenschaftlichen Einführung in die Kybernetik die Skeptiker des Projekts, um ihnen unmissverständlich mitzuteilen: »Die Antwort, lieber Leser, ist schlicht:

248 Hörl/Hagner: *Überlegungen*, 20. Diesen Punkt argumentiert auch Derrida: *Grammatologie*, 21ff.

249 Rapp: *Mensch, Gott und Zahl*, Klappentext.

ja.«[250] Am Ende bleibt eine »Maschine namens Mensch«,[251] die in den 1940er Jahre ihren wissensgeschichtlichen Ausgangspunkt findet und im frühen 21. Jahrhundert in voller Blüte steht. Seither stellen wir uns »geistige Aktivitäten als eine Variante der Informationsverarbeitung« vor.[252]

Was mit dem schillernden Logo Kybernetik seinen Anfang nahm, hat sich also zum soliden Wissensbestand gemausert – ohne das Etikett. Mit der Modewissenschaft der 1950er und 1960er kann heute zwar keiner mehr etwas anfangen. »Die Transformation des Humanen« nahm jedoch dort ihren Anfang und hat ein Denken in Gang gesetzt,[253] das Mensch und Rechenmaschine als jeweils nur Informationen prozessierende Apparaturen verhandelt. Im gleichen Atemzug wurde Prozessieren mit Denken oder Syntax mit Semantik in einen Topf geworfen. »Es muss möglich sein«, schreibt Karl Olsberg exemplarisch, »einen Computer zu konstruieren, der so leistungsfähig ist wie das menschliche Gehirn«. Diese klare Ansage basiert nicht auf seinem Vertrauen in die noch zu erwartenden technischen Entwicklungen. Vielmehr hat Olsberg sein Bild des Menschen schon auf ein Informationsverarbeitungssystem verdichtet: »Denn es gibt ihn ja bereits«, den Computer, fährt er fort. »Unser Gehirn ist nichts anderes als ein biologischer Computer, der noch dazu mit vergleichsweise langsamen Nervenzellen arbeitet. Es gibt keinen prinzipiellen

250 Lohberg/Lutz: *Keiner weiß was Kybernetik ist*, 137.

251 Ebd., 131.

252 »Wenn sich ein Mensch geistig betätigt, dann modifiziert, vergleicht und speichert er Informationen ähnlich wie ein Computer«, paraphrasiert Steven Schwartz die Debatten der Psychologie seit den 1950er Jahren. »Die Entwicklung von Modellen des Denkens, die sich an der Informationsverarbeitung orientierten, führte zu einem explosionsartigen Anstieg an Forschungsarbeiten über Denkvorgänge, und bis heute breitet sich die Welle dieser Explosion immer noch weiter aus. Man kann sogar sagen, daß die Experimente zur Kognition und Informationsverarbeitung die heutige psychologische Forschung dominieren«, Steven Schwartz: Wie Pawlow auf den Hund kam, Weinheim, Basel: Beltz, 1988, 27.

253 Hörl/Hagner: Überlegungen.

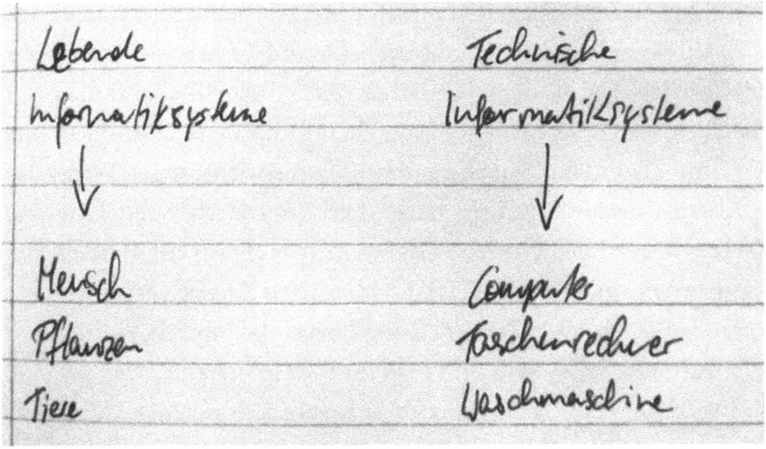

Abb. 3: Schulhefter Informatikunterricht Klasse 7.

Grund, dass man die Funktionsweise dieser Nervenzellen nicht in einem Computer simulieren [...] kann.«[254]

Der Einwand, dass Olsberg und mit ihm viele andere nicht über den Menschen, sondern nur über das Gehirn sprechen, greift nicht. Die anthropologische Selbstreflexion ist länger schon auffällig vom Gehirn besessen,[255] was zur Folge hat, dass alles andere nachrangig, genauer gesagt von diesem primären Rechenorgan abhängig ist. »Das Gehirn ist das Organ im Körper, das uns bestimmt. Wie es funktioniert – und wie gut – beeinflusst den Geist. Das Individuum. Den Menschen.« So klingt das »Mission Statement« der Internetseite dasgehirn.info, erstellt von einem großen Team mit wissenschaftlich interdisziplinärer Expertise. Die Hierarchie ist unverkennbar:

254 www.karl-olsberg.jimdo.com/2015/12/03/erreichen-computer-2030-die-leistungsfähigkeit-unseres-gehirns (Zugriff am 6. Oktober 2017).

255 Zur Geschichte des Gehirns Michael Hagner: *Home cerebralis. Der Wandel vom Seelenorgan zum Gehirn*, Frankfurt/Main: Suhrkamp, 2008.

Leib, Seele oder Geist gelten nur als untergeordnete Phänomene, die sich unweigerlich dem Diktat der »Denk-Hardware«[256] unterwerfen müssen. Die als digital gedachte Rechenmaschine unterhalb der Schädeldecke *ist* letztlich der Mensch, und alle materiellen Elemente sind nur sekundärer Ausdruck dieser schönen Schaltlogik. Wenn also Olsberg – und mit ihm ein ganzer Diskurs – Rechenmaschine und Gehirn kurzschließt, bedeutet dies viel mehr als nur eine Theorie des Gehirns. Ein ganzes Selbstbild des Menschen lässt sich erkennen, das offenbar wenig Mühe hat, die Komplexität von Subjekt, Gefühl und Denken, von Seele, Leib und Eigensinn zu kassieren.

Die zeitgenössischen Metaphernbestände, die einiges über das Denken und seine Fundamente verraten, legen ebenfalls davon Zeugnis ab. Burnout etwa, die Modekrankheit der Gegenwart, wird nicht selten als Versagen eines Regelkreises oder Überlastung des rechnenden Gehirns verstanden. »Pausentaste« und »Default-Modus« sind typische Bilder. In einem Ratgeber heißt es:

> [N]ach neuesten Erkenntnissen [sind beide] sehr wichtig, um in unserem Kopf aufzuräumen und Freiraum für neue Ideen zu schaffen. […] Ohne Internetverbindung können wir am Computer nur mit den internen Daten der Festplatte arbeiten. In gleicher Weise schaltet auch unser Gehirn auf einen internen Betrieb um, ohne Signale von außen. Es sichtet, sortiert und beschäftigt sich dann nur mit den vorhandenen Informationen. Neue Informationen werden organisiert, geordnet und sinnvoll in das bestehende Gedankennetz eingebunden.[257]

Auch für Traumatisierung und Verdrängung werden IT-Bilder bemüht. Die bruchstückhaften Erinnerungen eines Missbrauchsopfers

256 Stefan Schmitt: *Dieser Mann denkt über den Untergang der Menschheit nach*, in: Zeit Online 26. Mai 2016, www.zeit.de/2016/21/nick-bostrom-oxford-philosoph-kuenstliche-intelligenz (Zugriff am 16. Juli 2018).

257 Julitta Rössler: *Raus aus Hamsterrad und Tretmühle*, Freiburg im Breisgau: Kreuz, 2012, 14.

umschreibt die *taz* so: »Da ist etwas, das ihm den Zugriff auf sein Gedächtnis nur sehr eingeschränkt erlaubt. Eine Art innerer Webmaster ist hier schützend im Spiel.« Ein so gedachter digitaler Homunculus versucht, »die extreme Belastung des Systems irgendwie zu regeln«. Das gelingt, wenn »düstere Datensätze nicht aufploppen«. Dies sei ein Phänomen, das Psychologen immer wieder bei »schwer traumatisierten Menschen beobachten. Das System wird nur noch im Sicherheitsmodus hochgefahren. Gelebt wird lediglich im Standby.«[258] Und wenn alles schiefgeht, dann handelt es sich vermutlich um einen Systemabsturz.

Eine meterhohe Werbung für eine Krankenkasse verdichtet das anthropologische Selbstbild der Gegenwart (Abbildung 4). »10 Billionen Rechenoperationen pro Sekunde«, heißt es auf dem Plakat, illustriert mit einer neuronalen Netzwerkskizze auf dem Kopf einer jungen Frau. Schon dieser Spruch reduziert das Denken des Menschen auf die Logik einer prozessierenden Apparatur, was den Unterschied zwischen Mensch und Computer als nur graduell imaginiert, also nur in Bezug auf die Anzahl der Rechenoperationen pro Sekunde. »Dein Gehirn«, heißt es weiter. »Weil die beste Technik menschlich ist.« Damit wäre das Menschliche restlos zur hochfunktionalen Ansammlung von Halbleitern und zirkulierenden Bits reduziert.

Die neue Illusion vom Menschen als informationsverarbeitendes System, das bald nachgebaut werden kann, hat auf vielfältigen Wegen auch Eingang in die Popkultur gefunden. Von einigen Filmen, die die These »it from bit« illustrieren, war bereits die Rede. Wer das Sein als Informationsfluss deutet, schraubt unweigerlich auch ein Bild des Menschen zusammen, der nicht mehr macht als Computer – nur für den Moment noch etwas schneller. Der Film

258 Johannes Kopp: *Kampf ohne Ende*, in: taz 23. Dezember 2017, 38.

Abb. 4: Werbung, Aufgenommen im Frühjahr 2018 in Leipzig.

Gattaca von 1997 etwa adressiert zwar vorrangig die problematischen Effekte einer zu dieser Zeit virulenten Debatte um Gene. Etwa die harte Selektion, die bereits pränatal einsetzt. Dahinter allerdings operiert die Informationstheorie: Der genetische Code wird in der Filmfiktion perfekt ausgelesen. Dabei sind die gedruckten Ergebnisse symbolische Reihen von Nullen und Einsen, die unterschiedlichen Merkmalen zugeordnet werden. Insgesamt läuft die genetische Hochrechnung darauf hinaus, die je individuelle Zukunft restlos verrechnen und damit treffsicher antizipieren zu können; etwa die Wahrscheinlichkeit, an Krebs oder Herzversagen zu sterben. Das Herz des rund 30-jährigen Protagonisten ist schon 10.000 Schläge seiner Zeit voraus. Damit wäre die Geschichte inklusive aller Zufälle und Unwegbarkeiten getilgt.

Der Film *I, Robot* umklammert gewissermaßen diesen Diskurs oder diese epistemische Ordnung. Gedreht von Alex Proyas kommt der Film 2004 in die Kinos und spielt mit der dystopischen Angst vor Maschinen, die denken gelernt und die Herrschaft an sich gerissen haben. Das Buch, das dem Film als Vorlage diente, ist aus dem Jahr 1950, geschrieben vom russischen Sience-Fiction-Autor Isaac Asimov.[259] Seit fast 70 Jahren also ventilieren Hoffnungen und Befürchtungen, was die Technik mit dem Menschen und der Mensch mit der Technik anstellen werde. Unterhalb der unzähligen Spielarten dieser Debatte operiert ein Denken, in dessen Zentrum der Begriff Information wirkt. In diesem Kontext hat sich auch das Bild des Menschen sichtbar verschoben: Vom rätselhaften Wesen, das immer schon zugleich Subjekt der Erkenntnis und Objekt der Untersuchung war, hin zum informationsverarbeitenden System, das drauf und dran ist, sich nachzubauen.[260]

259 Isaac Asimov: *Ich, der Roboter: Erzählungen*, München: Wilhelm Heyne, 2016/1950.

260 So argumentiert etwa auch Ulrich Eberl: *Smarte Maschinen*, München: Hanser, 2016.

Das begrifflich immer schon komplizierte und selbstbezügliche Phänomen Intelligenz (es setzt sich immer schon selbst voraus, weil nur eine gewisse Form der Intelligenz feststellen kann, ob etwas intelligent ist oder nicht) wird seiner künstlichen Reproduktion zugeführt. Das heißt allerdings auch und vielleicht vor allem, dass intelligent schon das ist, was schnell prozessiert. Die Debatten um künstliche Intelligenz sind sehr weitläufig.[261] Die hochfliegenden Erwartungen allerdings, dass die Reproduktion des Menschen kurz bevorstehe, basieren möglicherweise auf einer verdrehten Annahme: Während es üblicherweise heißt, dass die Rechner bald denken und selbst lernen, sind wir eher dabei, das Denken in die Niederungen des Prozessierens zu verabschieden. Genauer gesagt hat sich das Bild, dass sich das Denken von sich macht, allzu oft auf einen schlichten Prozess des Verrechnens reduziert. Die Vorstellung eines vollständigen Uploads des Bewusstseins steht gewissermaßen Modell für diese Reduktion, weil damit alles Somatische, alles Leibliche aus der Gleichung fliegt und alles eigentlich Menschliche im Gehirn lokalisiert wird.[262] Diese Reduktion wird etwa in der Serie *Westworld* (HBO, 2016/2017) gleich doppelt durchgespielt. Einerseits leben Individuen digital weiter, ohne Körper, andererseits werden die Maschinen »lebendig«, ohne jedoch einer Vorstellung von Altern und Tod ins Auge sehen zu müssen. Damit wäre der Begriff des Lebens von seinem Gegenüber losgelöst und verliert seinen Sinn. Zudem tilgt der Umstand, dass die Kognition absolut gesetzt wird, alle Feinheiten,

261 Eine Sammlung von prominenten Aussagen zum Thema findet sich in John Brockman: *Was sollen wir von Künstlicher Intelligenz halten? Die führenden Wissenschaftler unserer Zeit über intelligente Maschinen*, Frankfurt/Main: S. Fischer, 2017.

262 »Ja, ein Versuch war der Mensch. Auch viel Unwissen und Irrthum ist an uns Leib geworden! / Nicht nur die Vernunft von Jahrtausenden – auch ihr Wahnsinn bricht an uns aus. Gefährlich ist es, Erbe zu sein«, Friedrich Nietzsche: *Also sprach Zarathustra. Sämtliche Werke. Kritische Studienausgabe in 15 Bänden, Bd. IV*, München: de Gruyter, 1988, 100.

etwa die Unterschiede zwischen Instinkt, Intuition, Bauchgefühl, Ahnung, Gedanke oder logischer Ableitung. All diese Dinge gelten nur noch als Varianten des immer gleichen Prozesses. Nicht zufällig werden wir mit »smarten« Dingen überhäuft: Smartphones, smart homes, smart energy. Was digital und Algorithmen folgend operiert, ist auch schlau. Das Ende des Menschen, von dem Foucault sprach und das damals eine heftige Diskussion auslöste, realisiert sich als reduktionistischer Prozess des Denkens, das sich selbst zur Rechenoperation degradiert.[263]

Zudem wird gegenwärtig beständig unterschlagen, dass es die Hoffnung auf selbstdenkende Maschinen seit den späten 1940er Jahren gibt. Und immer wieder stehen wir nur wenige Jahre vor der gleichen Schwelle. McCulloch hatte in den frühen 1950er Jahren schon konkrete Berechnungen angestellt. Realität geworden ist davon noch nichts; und wieder heißt es, dass es nur noch eine Handvoll Jahre dauern dürfte. Herrlich dystopisch treibt Nick Bostrom, Technikphilosoph von der Oxford University, die Diskussion auf die Spitze, indem er die Zeit als Faktor nicht gelten lässt. Obwohl zwischen Mensch und Affe »250.000 Generationen« liegen, haben »ein paar kleine genetische Veränderungen [...] eine Intelligenzexplosion ermöglicht«.[264] Das gleiche könnte uns alsbald mit den Rechnern bevorstehen. Was im Fall des Menschen einige Zeit gebraucht hat, werden die Computer im Handumdrehen erledigen.

263 Erik Brynjolfsson und Andrew McAfee bebildern das Problem eindrücklich. Sie skizzieren eine Menge toller Fortschritte und Entwicklungen im Bereich IT und verhandeln diese als teils bestehende und teils kommende Gleichheit der menschlichen mit der künstlichen Intelligenz, Erik Brynjolfsson/Andrew McAfee: *The Second Machine Age: Wie die nächste digitale Revolution unser aller Leben verändern wird*, Kulmbach: Plassen, 2014, 111f.

264 Schmitt: *Dieser Mann denkt über den Untergang der Menschheit nach.* Ausführlicher Nick Bostrom: *Die Zukunft des Menschen. Aufsätze*, Berlin: Suhrkamp, 2018.

Die virulente Angst vor Algorithmen liefert eine andere Schattierung des gleichen Problems. Nur wer den Menschen zur verrechnenden Maschine macht, muss sich davor fürchten, dass »eine eindeutige Handlungsvorschrift zur Lösung eines Problems oder einer Klasse von Problemen« wirklich bedrohlich für die menschliche Freiheit sein kann.[265] Ohne Zweifel ist der Umstand problematisch, dass mit großen Datenmengen Profile von Menschen angelegt werden. Auf diese sind Individuen dann als eigentlicher Ausdruck ihrer Subjektivität gewissermaßen verpflichtet. Die Profile liefern einen systematischen Zirkelschluss, der die Zeit und mit ihr die Fähigkeit zur Veränderung aus den Angeln hebt: Du bist, was dein Profil ausgibt, und dein Profil gibt aus, wer oder was du bist. Marc-Uwe Kling hat mit seiner »lustigen Dystopie« *QualityLand* die Absurditäten dieser zirkulären Subjektivierung treffend eingefangen.[266] Mit Blick auf Sozialverhalten, Konsum und Politik ist dies sicher nervig und öffnet unangenehme Steuerungsperspektiven (bei der Kreditvergabe, der Partnersuche oder bei Wahlentscheidungen).[267] Dass allerdings die Algorithmen bald das Zepter schwingen, ist

265 Eintrag zu Algorithmus, www.de.wikipedia.org/wiki/Algorithmus (Zugriff am 21. März 2018). Zu dieser doppelten oder »dialektischen« Perspektive siehe Rafael Capurro: *Informationstechnologien und Technologien des Selbst: Ein Widerstreit*, in: Deutsche Zeitschrift für Philosophie 40.3 (1992), 293–304.

266 Marc-Uwe Kling: *QualityLand*, Berlin: Ullstein, 2017.

267 Zur Gegenwart der Datingplattformen siehe Anna Biselli: *How-To Analyze Everyone – Teil V: Der Algorithmus weiß besser als Du, wer zu Dir passt*, in: Netzpolitik.org 14. März 2014, www.netzpolitik.org/2014/how-to-analyze-everyone-teil-v-der-algorithmus-weiss-besser-als-du-wer-zu-dir-passt (Zugriff am 22. Dezember 2017). Neben Varianten solcher Plattformen, die mit persönlichen Daten und Vorlieben arbeiten, entwickeln sich mittlerweile auch solche, die mit Genanalysen das perfekte Matching bewerkstelligen wollen: »Ein Kritikpunkt an Online-Dating ist, dass die Partnersuche tatsächlich beinahe zu einer Art ›Einkauf‹ verkommt und bei der nüchternen Betrachtung und Bewertung von Profilen emotionale und zufällige Faktoren auf der Strecke bleiben. Aber wer das bereits bei [bekannten R. F.] fragebasierten Partnerbörsen denkt, für den dürften Dienste wie GenePartner oder das sich in Entstehung befindliche Angebot PAIR eine absolute Horrorversion darstellen. Da gibt es keine

eine dystopische Phantasie, die einen Menschen als Arrangement aus Halbleitern und Speichermodulen imaginiert, der als prozessierendes Gerät eindeutigen mathematischen Handlungsvorschriften zwingend erlegen wäre.

Diese anthropologische Schablone eines Informationsmenschen basiert – unweigerlich gewissermaßen – auf der Vorstellung einer irreduziblen und damit quasigöttlichen Vorstellung von Null und Eins, die jenseits des Sichtbaren der Kern aller Prozesse und letztlich allen Seins ist. Anders formuliert: Im Maschinenraum dieses Menschenbildes, im Prozessorkern, stabilisiert die vermeintlich ahistorische Idee Information ein Zerrbild, das Mensch und digitale Apparatur als nur graduell unterschiedlich skizziert. Logische Unklarheiten und praktische Differenzen zwischen Rechenmaschine und Mensch werden, wie schon seit den 1950er Jahren, mit dem Verweis auf eine absehbare Zukunft aus dem Weg geräumt: Seit fast 70 Jahren heißt es nun schon, dass die Reproduktion des Menschen in digitaler Gestalt in wenigen Jahren Realität sein wird. »Die Explosion der Rechenkapazität von Computern«, argumentiert Dirk Helbing entsprechend 2013, sei enorm. »Man rechnet damit, dass in etwa 10 Jahren die Leistungsfähigkeit des menschlichen Gehirns erreicht sein wird.«[268] Dafür muss das Gehirn sich freilich selbst genau berechnet haben. Es muss sich selbst als prozessierenden Apparat verstehen und restlos vermessen, reduziert auf die endlose Verarbeitung von Null und Eins. Mehr oder weniger ist die digitale Verdopplung des Menschen durchaus Realität: als Science Fiction und anthropologische Illusion, die nicht die Technik auf die Höhe des menschlichen

stundenlange Investition in das Aufmöbeln des eigenen Profils. Alles, was man zum Partnersuchen braucht, ist eine Speichelprobe«, ebd.

268 Michael Hagner/Dirk Helbing: *Technologiegetriebene Gesellschaft oder sozial orientierte Technologie? Ein Gespräch*, in: Heinrich Geiselberger/Tobias Moorstedt (Hrsg.): Big Data. Das neue Versprechen der Allwissenheit, Berlin: Suhrkamp, 2016, 250.

Denkens hievt, sondern letzteres zum basalen Prozessieren von Informationen degradiert. Wenn Elon Musk, Gründer und CEO der Firma *Tesla*, vom Projekt *Neuralink*, das er mitfinanziert, erwartet, es möge die »Verschmelzung von biologischer und digitaler Intelligenz« herbeiführen, dann geht dem genau diese Reduktion des Denkens voraus.[269]

269 Elon Musk, zitiert in Slavoj Žižek: *Ein Klüngel aus privaten und staatlichen Akteuren will unsere Freiheit rauben. Aber die Bürger-Wut wächst*, in: Neue Zürcher Zeitung, 30. September 2018, www.nzz.ch/feuilleton/wenn-unfreie-sich-fuer-frei-halten-ld.1423150 (Zugriff am 30. September 2018). Die Firma Neuralink forscht an Implantaten, mit denen die Verknüpfung menschlicher Gehirne mit digitalen Maschinen gelingen soll.

Systemzeit: Die Fiktionalisierung der Welt

> Es gibt keine Wahrheit. Nur Geschichten. […]
> Du entscheidest, welche Geschichte du erzählst.
>
> *Dark, Serie (2017, Netflix)*

Ein solches Bild des Menschen, der seine Komplexität genauso einbüßt wie seine Rätselhaftigkeit, hat einige Auswirkungen: Individuen werden zu potentiell restlos kalkulier- und damit steuerbaren Wesen, die vermeintlich nur einem Schaltplan und einer Programmierung folgen. Das heißt freilich auch, dass Eigensinn und Historizität des Subjektiven gegen das Bild eines prozessierenden Apparats eingetauscht werden, dessen Zeitlichkeit als System von Inputs und Outputs, als eine Art zirkuläre Systemzeit umgedeutet wird. Die vormals als prinzipiell unbestimmt gedachte Zukunft (der weite Horizont individueller und gesellschaftlicher Veränderungsperspektiven) wird zum berechenbaren Effekt feststehender Handlungsvorschriften (Algorithmen). Nebenbei bemerkt tragen auch viele Kritiker am digitalen Zeitalter diese Deutung in dem Moment mit, wenn sie die Herrschaft der Maschinen heraufziehen sehen und die Freiheit gegen die Technik verteidigen. Die Rechenmaschine verarbeitet Informationen als Inputs und speist den Output erneut und möglicherweise modifiziert als Input zurück in den zirkulären Prozess. Das informationstheoretisch inspirierte oder durchdrungene Bild des Menschen schließt menschliche und nichtmenschliche Systeme kurz und hebelt die humane Zeitlichkeit aus.

Diese Systemzeit, deren Maß nichts anderes ist als die Dauer des Prozessierens und mit der »Zukunft« zum berechenbaren Effekt bestimmbarer Inputs und Rechenvorschriften umgedeutet wird, markiert die entscheidende Differenz zwischen Wissen und Information. Im Begriff des Wissens ist ein gewisser Bestandsschutz eingeschrieben.

Ohne Zweifel verändert sich auch Wissen »mit der Zeit«. Allerdings braucht es eine Weile, bis Einsichten oder Ansichten tatsächlich als Wissen verhandelt und möglicherweise später verworfen werden. Ohne eine doppelte Latenzfähigkeit, also ohne einen Zeitraum zwischen einer ersten Anschauung oder Vermutung und stabilem Wissen einerseits und einer gewissen Dauerhaftigkeit andererseits, wird nichts zu dem, was man landläufig Wissen nennt. Der flüchtige Eindruck, der Verdacht oder die Spekulation ist noch keins, und wenn Wissen nicht ein wenig überdauert, war es keins.

Während semantisch eingebettetes Wissen also latenzfähig ist und zeitlichen Aufschub erlaubt und erfordert, folgt die Informationsverarbeitung einer dringlichen Unmittelbarkeit, die sich politisch, sozial und wirtschaftlich seit einiger Zeit Bahn bricht. Information selbst ist nichts Handfestes, keine »stabile, transportable, aufbewahrbare Entität, sondern [...] ein Ereignis, das mit seiner Aktualität seinen Charakter als Information verliert. [...] Ihr Sinn kann wiederholt werden, nicht aber ihr Charakter als Überraschung. Nach einer Information kann es nur andere, neue Informationen geben.«[270] Diese Flüchtigkeit reißt die überkommene Vorstellung von Realität oder Wirklichkeit in einen permanenten Taumel der Aktualität; Luhmann versteht Handlungen und Entscheidungen sehr treffend als »Einführung der Zeit in die Zeit«, das heißt als prinzipiell unterschiedliche Möglichkeiten, eine Differenz zu markieren. »Zeit ist ja zunächst als eine Art Hintergrundrauschen des ständigen Kommens und Vergehens gegeben«, umreißt er knapp das, was seit Pitrim Sorokin und Robert Merton »astronomische Zeit« heißt und von der sozialen, also wahrgenommenen und damit gedeuteten Zeit unterschieden werden muss.[271]

270 Luhmann: *Entscheidungen in der »Informationsgesellschaft«*.

271 Robert Merton/Pitrim Sorokin: *Social Time: A Methodological and Functional Analysis*, in: American Journal of Sociology 42.5 (1937), 615–629.

In diese ursprüngliche Zeit kann ein Beobachter die Unterscheidung von Vorher und Nachher einführen, wenn er Zeitpunkte oder Ereignisse identifiziert [...]. Da es endlos viele Möglichkeiten für solche Zäsuren gibt, bleibt Zeit im Sinne einer Vorher/Nachher-Differenz beobachterrelativ. Handlungen sind nur möglich, wenn man sie bestimmt als ein Ereignis, das im Hinblick auf Vorher und Hinterher einen Unterschied macht. Das bereitet noch keine besonderen Schwierigkeiten und führt auch nicht zu einer Rückprojektion dieses Unterschieds in die allgemeine Zeit des Kommens und Vergehens. Diese Einführung von Zeit in die Zeit geschieht erst dadurch, daß man das Vorher als Vergangenheit und das Nachher als Zukunft interpretiert.[272]

Genau diese Einführung der Zeit in die Zeit (auf bestimmte Weise) wird vom informationstheoretischen Diskurs anders modelliert. Die Projektion auf ein be- oder ausrechenbares Nachher wirkt auf das Vorher zurück und verändert den Systemzustand. Die Einschnitte in das »Hintergrundrauschen« sind zirkuläre Fiktionalisierungen.

Die Lösung des Entropieproblems – dass die Welt unweigerlich auf Unordnung und Kältetod zusteuert – besteht also darin, die Vorstellung von Zeit und Zeitlichkeit selbst neu zu sortieren und die Unbestimmbarkeit der Zukunft im Prozess zirkulierender Informationen aufzuheben. Die Rückbeziehung von prozessierter, algorithmischer Zukunft auf den gegenwärtigen Systemzustand zeigt sich an sehr vielen Stellen: Die Prominenz der Prävention, der Taumel der Finanzmärkte oder ein auf Hyperrealität zusteuerndes Mediengeschäft. Ich werde auf diese Themen zurückkommen.

Die Informationstheorie (wenn diese Verdichtung auf einen Begriff für den Moment erlaubt sei) hat also im Windschatten der sich rasant entwickelnden und die Welt verändernden digitalen

272 Luhmann: *Entscheidungen in der »Informationsgesellschaft«.*

Rechenmaschinen die Vorstellung davon verändert, wie die soziale Zeit in die Zeit eingeführt wird, auf welchen Wegen Differenzen markiert werden. Zugegeben: Das klingt alles ziemlich theoretisch und abstrakt, ist es aber nur bedingt, wie die noch folgenden Beispiele oder Themenfelder verdeutlichen werden. Zunächst dürfte es hilfreich sein, diese Vorstellung einer Systemzeit mit der ungebrochenen Prominenz stochastischer Wahrscheinlichkeit kurzzuschließen, die zunehmend mit Wirklichkeit überblendet wird. Der Unterschied zwischen dem, was wahrscheinlich und dem, was wirklich ist, wird unscharf.

Diese »Fiktion einer wahrscheinlichen Realität« hat zwar ihren Ursprung bereits im 17. Jahrhundert,[273] wenn es um mathematische Fragen geht, und im 19. Jahrhundert, als die sozialstatistische Vermessung der Menschen und die Nivellierung des Einzelnen im errechneten Mittelwert Formen annahm.[274] Weil Wahrscheinlichkeitsrechnung jedoch Daten und Rechenleistung voraussetzt, hat sie im Computerzeitalter eine ganz andere Dynamik gewonnen. Die vermeintliche Neutralität von Informationen und ihre schier unerschöpfliche Menge, gegenwärtig debattiert unter dem Schlagwort Big Data, erlauben es vermeintlich, alles Mögliche (voraus-)zuberechnen und die Zukunft damit »ableitbar aus den Gesetzen der Gegenwart und Vergangenheit« erscheinen zu lassen.[275] Sie ist nicht mehr der offene Horizont, sondern die nichtkontingente, verrechnete Wahrscheinlichkeit. Der ganze »Apparat der Wahrscheinlichkeitstheorie«[276] lässt sich, als »Technik der Defuturisierung« deuten,[277] als ein

273 Esposito: *Die Fiktion der wahrscheinlichen Realität.*

274 Hacking: *The Taming of Chance.*

275 Horn: *Zukunft als Katastrophe*, 299.

276 Hacking: *The Taming of Chance*, 60.

277 Esposito: *Die Fiktion der wahrscheinlichen Realität*, 141. Ältere Texte, die ähnlich argumentieren, sind Niklas Luhmann: *The Future Cannot Begin: Temporal Structures in Modern Society*, in: Social Research 43 (1976), 130–152 und Léon Brunschvicg: *L'Expérience humaine et la causalité physique*, Paris: Puf, 1949.

Wissen also, das über die Berechnung von Möglichkeiten die Unbestimmbarkeit der Zukunft fiktional aufhebt und sie damit gegenwärtig verfügbar macht. Fiktional ist diese Verrechnung des Kommenden deshalb, weil sie, egal wie wahrscheinlich, immer nur eine unter verschiedenen Möglichkeiten in den Rang kommender Wirklichkeit erhebt. Die irreduzible »Ungewissheit über die Zukunft [...] kann in der Gegenwart nur über Fiktionen und Narrationen zu einer Erwartung verdichtet werden«.[278] Und verfügbar ist sie, weil das fiktionale Wissen um die kommende Wirklichkeit rekursiv die Gegenwart, oder genauer: den gegenwärtigen Systemzustand beeinflusst.

Rekursion ist gewissermaßen das Grundmuster, das Wirkungsprinzip des Informationszeitalters. Während das kybernetische Feedback noch Messwerte ins System zurückgab, um dessen Zustand anzupassen, haben wir es dieser Tage allenthalben mit berechneten möglichen bzw. wahrscheinlichen Werten oder Zuständen zu tun, die das System anpassen, bevor ein tatsächlicher Ist-Zustand, also ein realer Messwert geliefert wurde. Autoversicherungen etwa funktionieren genau auf diese Weise: Die Kalkulation des Fahrverhaltens anhand von reichlich Daten über Fahrer und Fahrzeug spuckt einen fiktionalen Risikowert aus, der den Preis der Versicherung bestimmt (und den Gewinn des Unternehmens sichert). Weil die Wahrscheinlichkeit höher ist, dass ein junger männlicher Fahrer mit einem älteren Auto einen Unfall baut und die Versicherung zahlen müsste, steigt der Preis. Das vermutete zukünftige Fahrverhalten – also die Fiktion des Fahrstils – verändert rekursiv den Systemzustand, lange bevor unser jüngerer Fahrer mit seinem älteren Auto nur einen Kilometer gefahren ist. Damit werden Menschen automatisch klassifiziert

278 Ute Tellmann: *Die Zeit und die Konventionen der Ökonomie*, in: Andreas Langenohl/ Kerstin Schmidt-Beck (Hrsg.): Die Markt-Zeit der Finanzwirtschaft. Soziale und ökonomische Dimensionen, Marburg: Metropolis, 2007, 237–260, hier 240.

und festgenagelt, was ihr Fahrverhalten angeht; die individuelle Konstitution zählt nichts gegen den Durchschnitt.

Die Vorstellung einer verrechneten Zukunft liefert assoziativ die Lösung des alten Entropieproblems, das seit Shannon nicht mehr thermodynamisch, sondern auf der Ebene von Kommunikation, von Null, Eins oder Rauschen, gedacht wird. Während die Verknüpfung von Wahrscheinlichkeit und Entropie noch düstere Visionen einer erkaltenden Welt einerseits und einer unausweichlich wachsenden Unordnung im sozialen oder gesellschaftlichen Gefüge andererseits bedeutete, erlauben Informationen und ihre blitzschnelle Verrechnung durch Maschinen den Glauben daran, dass die Dinge unter Kontrolle zu halten sein werden. Wer eine sichere weil wahrscheinliche Erwartung rekursiv ins System einspeist, begradigt die schiefe Bahn und justiert im Jetzt die Ordnung. Die mit Informationen operierende Wahrscheinlichkeit, die mit ihrer rekursiven Systemzeit das Unbestimmte der Zukunft aufhebt, löst also das Entropieproblem, indem es Gegenwart und Zukunft in ein permanentes Wechselspiel von Systemzustand und Erwartung verwickelt. Wer die Zukunft abschafft, muss sie nicht fürchten.

Hatte sich um den Begriff Entropie – mitsamt einer falschen Überblendung von Naturwissenschaft und Gesellschaft – die bittere Einsicht breitgemacht, dass Chaos oder Dissipation die einzige Perspektive sei, verkehrt sich diese Dystopie mit Information ins Gegenteil: Alles wird steuer- und kontrollierbar, womit die historische Zeit nichts mehr gilt.

Die Rechnung geht freilich nicht auf. Es handelt sich vielmehr um eine bestimmte Ordnung des Wissens, um eine mithin größenwahnsinnige Kontroll- und Steuerungsphantasie, die insgeheim der Göttlichkeit von Null und Eins bedarf. Anders ist jedenfalls nicht zu erklären, wie Materialität und Geschichtlichkeit der Welt degradiert und zum steuerbaren Derivat zirkulierender Informationen umgedeutet werden können. Es braucht den Heiligen Geist der Information, die als Ding an sich, als vordiskursiv und irreduzibel dieses gesamte Gebäude des Wissens stabilisiert.

Zwar sprechen im frühen 21. Jahrhundert nur noch Physiker oder Nerds von Entropie, doch Information und ihr theoretischer Ballast sind tief im Zeitgeist verankert, wie die folgenden Beispiele zeigen.

Seit einiger Zeit etabliert sich in der Medizin die Praxis, Diagnosen für Patienten von Algorithmen stellen zu lassen – in bestimmten Fällen mit dem Ziel, das Todesdatum zu errechnen. In der Fachzeitschrift *Scientific Reports* veröffentlichte 2017 ein Team von Wissenschaftlern einen Beitrag, der genau das verspricht: »We present proof-of-concept experiments to demonstrate how routinely acquired cross-sectional CT imaging may be used to predict patient longevity as a proxy for overall individual health and disease status using computer image analysis techniques.«[279] Die Firma *Aspire Health*, ein von Google mitfinanziertes Start-up, bietet eine entsprechende Software an. Sie dient in erster Linie dazu, auf Grundlage einer vermeintlich sicheren Erwartung Behandlungspläne anzupassen und Kosten zu senken. Wer eh bald stirbt, braucht keine teure Pflege.

Die Sache ist allerdings doppelt vertrackt. Der »Todesalgorithmus«, wie ihn das Fernsehmagazin *Panorama* etwas reißerisch nennt,[280] arbeitet nur mit einem Set an Daten (also Informationen),

279 Luke Oakden-Rayner/Gustavo Carneiro/Taryn Bessen: *Precision Radiology: Predicting longevity using feature engineering and deep learning methods in a radiomics framework*, in: Scientific Reports 7.1648 (2017), www.nature.com/articles/s41598-017-01931-w (Zugriff am 12. Mai 2018).

280 Tina Soliman: *Der Todesalgorithmus: Computer berechnet Lebenserwartung*, in: Panorama 14.12.2017, www.daserste.ndr.de/panorama/archiv/2017/Der-Todesalgorithmus-Computer-berechnet-Lebenserwartung,todesalgorithmus112 (Zugriff am 14. September 2018).

die prinzipiell bei allen Patienten gemessen werden können. Die individuelle Konstitution, das Subjektive, hat keinen Platz. Vielmehr prozessiert eine Black Box Daten, und das Ergebnis soll über Leben und Tod entscheiden. Freilich stellen auch Ärzte Hypothesen über die Zeit an, die Patienten noch bleibt. Die ärztliche (also menschliche) Antizipation unterscheidet sich allerdings gleich doppelt von jener der Algorithmen: Sie verbleibt einerseits im Bereich begründeter Spekulationen, evoziert daher keine zwingenden Handlungen und kann revidiert werden. Sie lässt sich andererseits in Bezug auf ihre Plausibilität und Beweisführung beim Experten erfragen. Der Glaube an die Algorithmen dagegen basiert auf einer komplexeren Verrechnung von Daten, die so dem menschlichen Verstand nicht mehr zugänglich sind. Wenn einfach nachvollziehbar wäre, was errechnet werden soll, bräuchte es die Programme nicht. Das bedeutet aber, dass jede Praxis, die einem Berechnungsergebnis folgt, buchstäblich blind agiert, weil handelnde Individuen nicht logisch oder sachlich nachvollziehen können, was wie berechnet wurde. In Bezug auf die erwähnte Firma kommt hinzu, dass deren Berechnungsgrundlagen Betriebsgeheimnis sind, was die Angelegenheit völlig absurd werden lässt. Eine Black Box, gebaut von Leuten mit ökonomischen Interessen, entscheidet über Behandlungsalternativen.

Dass die Algorithmen die Parameter ihrer Berechnungen mittlerweile selbstständig anpassen, was unter dem Schlagwort »deep learning« als buchstäblich vertiefte Version des »machine learning« gerade für Aufsehen sorgt, macht die Dinge nicht besser. Nicht einmal Informatiker können dann nachvollziehen, wie Inputs und Outputs zusammenhängen. Der Name »deep learning« ist zudem geschwätzig. Irgendwie dämmert die Einsicht, dass Berechnungsvorschriften »flach« sind und der Komplexität der menschlichen Tiefe vielleicht nicht gerecht werden. Wenn die Maschinen aber gewissermaßen in der Tiefe lernen, suggeriert dies einmal mehr, dass der Unterschied zwischen Mensch und Maschine aufgehoben sein müsste.[281]

Eine zur Erwartung verdichtete Wahrscheinlichkeit, die streng genommen immer nur ein mögliches Szenario unter vielen liefert, wird so in den aktuellen Systemzustand eingeführt, dass sie Wirklichkeit wird. Die Unbestimmbarkeit des Zukünftigen ist anscheinend eliminiert. Ein Patient, dessen Krebsbehandlung aufgrund einer statistischen Vorhersage abgesetzt und durch palliative Elemente ersetzt wurde, wird das Ergebnis des Algorithmus bestätigen und mehr oder weniger pünktlich sterben. »Wir können nicht zwei alternative Weltläufe betrachten – einen, in dem der Patient nicht überlebt hat, einen, in dem er es tut«,[282] kritisiert der Computerethiker Kevin Baum treffend und umschreibt die informationstheoretisch untermauerte Überblendung von Wahrscheinlichkeit und Wirklichkeit.[283]

Der Umstand, dass »Todesalgorithmen« einige Prominenz erlangen, ist ein deutliches Indiz für den quasireligiösen Charakter von Informationen. Sie werkeln im Inneren der Algorithmen, erlauben völlige Vergleichbarkeit aufgrund ihrer Reduktion auf einen Binärcode (das privilegierte Signifikat) und hebeln die Unbestimmbarkeit

281 Vgl. zur Einführung Hannes Schulz/Sven Behnke: *Deep Learning: Layer-wise Learning of Feature Hierarchies*, in: Künstliche Intelligenz 26.4 (2012), 357–363 oder Nikita Bhatt/Nirav Bhatt/Purvi Prajapati: *Deep Learning: A New Perspective*, in: International Journal of Latest Technology in Engineering, Management & Applied Science 6.6 (2017), 136–140.

282 Soliman: *Der Todesalgorithmus*.

283 Ähnliche Beispiele werden hier diskutiert: Sascha Lobo: *Warum eine Rentenversicherung, wenn ich mit 50 sterbe?*, in: Spiegel Online 14. Juni 2017, www.spiegel.de/netzwelt/web/sascha-lobo-ueber-e-health-und-das-recht-auf-nichtwissen-a-1152081 (Zugriff am 30. September 2018) und Constanze: *Mit Facebook-Daten vorhersagen, wer Alkohol oder andere Drogen nimmt*, in: Netzpolitik.org 30. Mai 2017, www.netzpolitik.org/2017/mit-facebook-daten-vorhersagen-wer-alkohol-oder-drogen-nimmt (Zugriff am 30. September 2018). Sehr ähnlich wird das Thema auch unter dem Schlagwort einer »genetischen Risikoperson« diskutiert, vgl. Regine Kollek / Thomas Lemke: *Der medizinische Blick in die Zukunft. Gesellschaftliche Implikationen prädiktiver Gentests*, Frankfurt/Main: Campus, 2008.

der Zukunft aus. Menschliche Antizipationen sind wacklig und unsicher, berechnete Systemzustände dagegen liefern Evidenz. Die Fiktion einer berechneten Erwartung ersetzt die Zukunft und bestimmt als selbsterfüllende Prophezeiung Behandlungspläne, die zwangsläufig den berechneten Zustand bestätigen werden. Während lange darüber gestritten wurde, ob und wenn ja in welcher Form sich der Mensch Gottes Werk aneignet, über Leben und Tod entscheidet und sich dabei verhebt, übernehmen nun Rechenmaschinen diese Aufgabe. Nicht zufällig muss immer wieder daran erinnert werden, dass Algorithmen programmiert, also von Menschen ersonnen sind. »Und doch werden sie dann zu Black Boxes, wenn die Maschine sich selbst weiterentwickelt – sogar für ihre Entwickler, die nicht mehr genau wissen, wie ihr Geschöpf denkt, weshalb genau die Maschine welchen Lösungsweg gewählt hat. Dennoch sollen diese Berechnungen über Leben und Tod entscheiden.«[284] In der Black Box treibt der Heilige Geist sein Unwesen.

Wenn es möglich sein soll, den Zeitpunkt des Todes zu berechnen, dann dürfte die Vorhersage von Verbrechen und deren Verhinderung ein Kinderspiel sein. Predictive Policing heißt dieses Spiel und erobert derzeit Polizeibehörden weltweit.[285] Der Mechanismus ist prinzipiell derselbe wie bei Versuchen, die Gesundheitsperspektiven von Patienten über statistische Mittel abzubilden und mehr oder weniger präzise zu berechnen. Allerdings ist der Gedanke, Kriminalität ganz allgemein und prinzipiell auszutrocknen, bereits deutlich älter. Schon im 19. Jahrhundert wurden Perspektiven entwickelt, die heute als Sozialphysik bezeichnet werden; etwa jene, dass Kriminalität physiologisch bedingt und markiert sei (Cesare Lombroso). Die

284 Soliman: *Der Todesalgorithmus.*

285 Zur Situation in Deutschland Ulrike Heitmüller: *Predictive Policing: Die deutsche Polizei zwischen Cyber-CSI und Minority Report,* in: heise online 14. Juli 2017, www.heise.de/-3685873 (Zugriff am 10. Juni 2018).

neuerlichen Versuche, Verbrechen vorherzusagen und damit perspektivisch auf Null zu reduzieren, tragen ähnliche Züge: Sie ignorieren, dass handelnde Subjekte mit Eigensinn agieren, dass Kriminalität ein Konstrukt und damit politisch umkämpft und – zugespitzt formuliert – Definitionssache ist und schließlich, dass daraus resultierend »kriminell eingeordnete Handlungen […] als Mittel einer sozial selektiven Ordnung von Gesellschaft fungieren«.[286] Was damals krachend fehlschlug, soll diesmal klappen, mithilfe von Big Data und der Unbestechlichkeit von Informationen. Die »vermeintlich neutrale Mathematik« soll es richten.[287]

Den Anwälten der vorhersagenden Polizeiarbeit, jedenfalls den seriösen, ist durchaus bewusst, dass die Filmphantasie aus *Minority Report* (2002, Regie Steven Spielberg) eher falsche Befürchtungen produziert. »This is not Minority Report.«[288] Es handelt sich vielmehr um statistische Berechnungen, die Annäherungen erlauben, aber keine Sicherheit versprechen.[289] Die Polizei schaue nicht in die »sprichwörtliche Glaskugel«.[290] Allerdings, und genau deshalb ist der Vergleich zum Film letztlich doch nicht ganz absurd, tilgt diese Art der wahrscheinlichen Vorhersage die Kontingenz der Zukunft; sie versucht es jedenfalls. Das Problem liegt darin, dass im Moment polizeilicher Aktivität auf Grundlage einer Voraussage die Kalkulation, also die Wahrscheinlichkeit in den Rang der Wirklichkeit gehoben

286 Bernd Belina: *Predictive Policing*, in: Monatsschrift für Kriminologie und Strafrechtsreform 99.2 (2016), 85–100, hier 86.

287 Ebd., 96.

288 Walter L. Perry, Perry, Walter L., Brian McInnis, Carter C. Price, Susan C. Smith und John S. Hollywood: *Predictive Policing. The Role of Crime Forecasting in Law Enforcement Operations*, Santa Monica, CA: RAND, 2013, 8.

289 Zu Details und unterschiedlichen Varianten von Predictive Policing siehe Belina: *Predictive Policing*.

290 Alexander Gluba: *Predictive Policing – eine Bestandsaufnahme. Historie, theoretische Grundlagen, Anwendungsgebiete und Wirkung*, in: LKA Niedersachsen 2014, www.netzpolitik.org/wp-upload/LKA_NRW_Predictive_Policing.pdf (Zugriff am 30. September 2018), 2.

wird. Wenn Polizeikräfte ausrücken, um einen »Hot Spot« zu sichern, bevor ein Verbrechen begangen wurde, werden sie – und mit ihnen die Theorie dahinter – in jedem Fall bestätigt: Wird ein Übeltäter überführt, stimmte offenbar die Kalkulation; wenn nichts passiert, hat die Präsenz der Polizei das Verbrechen verhindert, bevor es stattfinden konnte. Die Parallele zum »Todesalgorithmus« ist augenfällig. Auch im Hinblick auf Kriminalität lassen sich nicht zwei Weltläufe betrachten, eine mit und eine ohne Kriminalität an einem bestimmten Ort.[291]

»Es wird betont, dass Predictive Policing nichts mit einem Blick in die Kristallkugel zu tun habe und auch keine Anleihen beim Film ›Minority Report‹, in dem die Polizei zukünftige Morde exakt vorhersagen kann, nehme«, schreibt Alexander Gluba vom Landeskriminalamt Niedersachsen. Noch im selben Satz allerdings hebt er die sachliche Einschränkung unabsichtlich auf. »[V]ielmehr gehe es um Wahrscheinlichkeiten, mit denen Entwicklungen der Zukunft *belegt* werden können.«[292] Perfektes Beispiel für die zirkuläre Systemzeit: Mit Wahrscheinlichkeiten werden Entwicklungen in der Zukunft nachgewiesen. Schon begrifflich ist diese Angelegenheit

291 Das macht auch die Evaluation solcher Maßnahmen schwierig. Hier ein bisweilen amüsanter Auszug aus einer solchen Auswertung: »Der wichtigste Schluss ist, dass kriminalitätsmindernde Effekte von Predictive Policing im Pilotprojekt P4 wahrscheinlich nur in einem moderaten Bereich liegen und allein durch dieses Instrument die Fallzahlen nicht deutlich reduziert werden können. Zwar nahm in manchen Teilen des Pilotgebiets (z. B. in Stuttgart) die Zahl der Wohnungseinbrüche ab, in anderen Gebieten gab es aber auch Zunahmen (z. B. in der Stadt Karlsruhe), und die Wirkungen überstiegen einen moderaten Bereich nicht. Aus Modellrechnungen ergibt sich beispielsweise, dass im Polizeipräsidium Karlsruhe die Anzahl der Near-Repeat-Folgedelikte durch die Steigerung der Polizeidichte tendenziell vermindert werden konnte, jedoch sind mit einer Steigerung der Polizeidichte um 100 gegenüber dem Basiswert im Alarmgebiet nur durchschnittlich 0,24 prognosebezogene Folgedelikte weniger zu erwarten«, Dominik Gerstner: *Predictive Policing als Instrument zur Prävention von Wohnungseinbruchdiebstahl. Evaluationsergebnisse zum Baden-Württembergischen Pilotprojekt P4*, Freiburg im Breisgau 2017, 2.

292 Gluba: *Predictive Policing – eine Bestandsaufnahme.*, 7, H. d. A.

absurd. Belegen oder nachweisen ist üblicherweise auf etwas Vergangenes ausgerichtet. Es lässt sich nicht belegen, dass jemand etwas getan haben wird, genauso wie man das Fußballergebnis von gestern nicht mehr vorhersagen kann.[293] Die statistisch taxierte Zukunft als Überblendung von wahrscheinlich und wirklich leitet polizeiliches Handeln, das schließlich als Idealtyp einer selbsterfüllenden Prophezeiung das Wahrscheinliche immer bestätigen wird. Wenn die Annahme eines fiktionalen Verbrechens zu dessen Verhinderung führt, stimmen die Ergebnisse der Berechnung auf jeden Fall. Ein Zirkelschluss, den Gluba mit der Verbindung von Vorhersage und Beleg auf den Punkt formuliert. Es hilft also nicht, die Distanz zwischen Fiktion und bürokratischer Realität zu betonen. Schon klar, dass die Dinge unterschiedlich laufen und dass Polizeibeamte nicht, wie in Spielbergs Werk, präzise wissen, was wann passieren wird. Die Zeitschleife und der im Film sauber vorgeführte Bestätigungsfehler rücken Phantasie und Wirklichkeit dennoch ein Stück weit zusammen.

Diese polizeiliche Aufhebung der Zukunft hat noch einen weiteren, eigentlich gut sichtbaren Haken. Die zu einem bestimmten Zeitpunkt verrechneten Daten müssten, wenn die Prognose tatsächlich sachlich sein soll, umfänglich und objektiv sein. Mit Big Data scheint die erste Forderung erfüllt, obwohl auch das ein Irrglaube ist. Am Begriff hängt das »Versprechen der Allwissenheit«.[294] Letztere ist aber höchst streitbar. Was passiert, wenn etwa auf Vorurteilen basierende Daten in die Zukunft lenken? Oder andersherum: Wer glaubt wirklich, dass polizeiliche Statistiken und andere Daten vorurteilsfrei sind? Ein Beispiel: In den »25 größten Bezirken Kaliforniens

293 Ähnlich wie Gluba argumentieren Sarah Brayne/Alex Rosenblat/Danah Boyd: *Predictive Policing*, in: Data & Civil Rights conference: A New Era of Policing and Justice 2015, www.datacivilrights.org/pubs/2015-1027/Predictive_Policing.pdf (Zugriff am 30. September 2018).
294 Vgl. Heinrich Geiselberger/Tobias Moorstedt (Hrsg.): *Big Data: Das neue Versprechen der Allwissenheit*, Berlin: Suhrkamp, 2013.

werden Schwarze öfter wegen Marihuanakonsums inhaftiert als Weiße«, schreibt die American Civil Liberties Union. »Typischerweise doppelt, drei oder sogar vier Mal so häufig wie Weiße.« Studien der US-Regierung zeigen jedoch übereinstimmend, »dass schwarze Jugendliche seltener Marihuana konsumieren als weiße Jugendliche«.[295] Das ist sicher kein Einzelfall,[296] und es geht nicht oder nicht vorrangig um rassistische Vorurteile. In sogenannten Problemvierteln ist die Polizei üblicherweise mehr unterwegs und erfasst daher mehr Straftaten als anderswo. »Durch ihre eigene [...] Kontroll- und Anzeigenaufnahmepraxis produziert und reproduziert die Polizei also ›Kriminalitätsschwerpunkte‹ und Hot Spots.«[297] Das Problem liegt vielmehr in der Systematik selbst, wenn spekulative Berechnungen den Status von Wirklichkeit erhalten. Wenn also Polizeistatistiken zur »Fiktion der wahrscheinlichen Realität« werden und Polizeiarbeit steuern, verfängt sich der ganze Apparat in einer »Rückkopplungsschleife der Ungerechtigkeit«.[298]

Verschärfend kommt hinzu, dass es sich irgendwie doch um Kristallkugeln handelt, die Vorhersagen treffen und Hot Spots festlegen. Der entscheidende Punkt ist, dass auch hier »objektive« Informationen verarbeitet werden, die von Menschen so nicht deutbar sind. Die Dinge funktionieren möglicherweise auf diese Weise besser, weil Menschen »Bedeutungsstrukturen« (»meaningful patterns«)

295 Zitiert in Anna Biselli: *How-To Analyze Everyone – Teil IX: Predictive Policing oder wenn Vorurteile Algorithmen füttern*, in: Netzpolitik.org 29. Juli 2014, www.netzpolitik.org/2014/how-to-analyze-everyone-teil-ix-predictive-policing-oder-wenn-vorurteile-algorithmen-fuettern (Zugriff am 30. September 2018).

296 Siehe u. a. Kristian Lum/Isaac William: To predict and serve?, in: Significance 13.5 (2016), www.onlinelibrary.wiley.com/doi/10.1111/j.1740-9713.2016.00960.x/full (Zugriff am 13. August 2018).

297 Bernd Belina: *Kriminalitätskartierung – Produkt und Mittel neoliberalen Regierens*, in: Geographische Zeitschrift 97 (2009), 192–212, hier 199.

298 American Civil Liberties Union, zitiert in Biselli: *How-To Analyze Everyone – Teil IX.*

überbetonen, heißt es in einer Studie zum Thema.[299] Will heißen: Massenhaft abstrakte, für Menschen so nicht lesbare Daten werden von Algorithmen ausgewertet, die sich zudem selbst verändern, also gewissermaßen lernen. Keine Kugel, kein Kristall, dafür ein Kasten, dessen wahrsagende Kräfte auch das Militär nutzt oder nutzen wird, etwa um »›potenzielle Krisen‹ bis zu 18 Monate im Voraus [zu] erkennen«.[300]

Die Konsequenzen eines solchen zirkulären Denkens sind so verheerend wie allgegenwärtig. Die Boulevardzeitung tag24.de titelte im Dezember 2017: *Die Linken beschließen: Terroristen dürfen bleiben!*[301] Sachlich ging es um den Beschluss der Partei, sogenannte »Gefährder« nicht pauschal abzuschieben. Den Unterschied zwischen einer präventionslogischen und praktisch recht beliebig vergebenen Bezeichnung wie »Gefährder« und tatsächlichen Terroristen kassiert die Zeitung beiläufig. Für den Online-Ableger der *Morgenpost* ist es also unerheblich, ob jemand etwas getan hat oder etwas tun könnte. Das ist von xenophoben Vorurteilen getragen, bestätigt aber zugleich die Logik präventiver Fiktionalisierung. Wer im Moment die Zukunft »belegen« kann, muss zwischen Gefahr und Tat nicht mehr unterscheiden.

Während vorhersagende Polizeiarbeit vergleichsweise neu ist, hat eine andere Großbaustelle der Informationszirkulation bereits eine längere Geschichte: Aktien- und Finanzmärkte und ihre Wetten auf

299 Brayne/Rosenblat/Boyd: *Predictive Policing*, 4. Als Beleg dafür verweist der Text ausgerechnet auf eine Studie zur Krebsdiagnostik.

300 Matthias Monroy: *Blick in die Glaskugel: Bundeswehr will politische Ereignisse vorhersehen*, in: Netzpolitik.org 7. Juni 2018, www.netzpolitik.org/2018/blick-in-die-glaskugel-bundeswehr-will-politische-ereignisse-vorhersehen (Zugriff am 8. Juni 2018). Kritisch dazu auch Morozov: *To Save Everything, Click Here*, 181ff.

301 tag24: *Die Linken beschließen: Terroristen dürfen bleiben!*, in: tag24.de 7. Dezember 2017, www.tag24.de/nachrichten/beschluss-die-linke-berlin-gegen-abschiebung-terroristen-bekaempfung-praevention-haltung-politik-zuendstoff-393807 (Zugriff am 30. September 2018).

die Zukunft. Die Börsen und mit ihnen die rekusive Beziehung zwischen Erwartung als Zukunft und Gegenwart als Aktienkurs gibt es schon länger.[302] Spekulation ist kurz gesagt die »Kunst der Zukunft. [Sie] garantiert, daß die Ökonomie über eine Zukunft verfügt und durch ihre Beobachtung der Zukunft in der Gegenwart handeln kann. Die Zukunft beeinflusst durch die Spekulation die Gegenwart und paßt diese so besser an die ›tatsächlichen‹ Zukunftsereignisse an.«[303]

Allerdings ist bemerkenswert, dass ökonomische Spekulation lange als unschicklich galt. Sie war ein dreckiges Geschäft, weil sie kaum vom Glücksspiel zu unterscheiden war. Jeweils setzt jemand Geld auf eine Hoffnung, auf einen möglichen Zustand in der Zukunft. Fiktion und Täuschung sind nicht weit. Wie Urs Stäheli detailgenau rekonstruiert, verschiebt sich die Wahrnehmung der Spekulation erst Ende des 19. und Anfang des 20. Jahrhunderts hin zu einer populären Angelegenheit, der in der zweiten Hälfte des 20. Jahrhunderts im Kontext informationstheoretischer Modellierung eine herausgehobene Rolle zukommen wird.[304] Was einst verruchtes Spiel war, ist verspielter Ernst geworden.

Vom ökonomischen Glücksspiel hat sich die Spekulation zu einer Figur des idealen Ausgleichs entwickelt. »Die Börse kondensiert ökonomische Preiskommunikation räumlich und zeitlich, um auf diese Weise einen fairen Preis unter ›idealen Bedingungen‹ zu produzieren.«[305] In Zeiten der Informationsgesellschaft kommen, allen tatsächlichen Schwankungen und Irritationen zum Trotz, die

302 Herausragend dazu Vogl: *Das Gespenst des Kapitals* und Urs Stäheli: *Spektakuläre Spekulation. Das Populäre der Ökonomie*, Frankfurt/Main: Suhrkamp, 2007.

303 Stäheli: *Spektakuläre Spekulation*, 81.

304 Hier spielt insgesamt die Ökonomisierung der Politik eine wichtige Rolle, siehe dazu Joseph Vogl: *Der Souveränitätseffekt*, Zürich: Diaphanes, 2015.

305 Stäheli: *Spektakuläre Spekulation*, 39.

ökonomischen Dinge gewissermaßen erst zu sich, weil die Neutralität von Informationen die Imagination ermöglicht, dass Börsen und Finanzmärkte die Dinge über die Preisgestaltung ideal austarieren. Das gilt vor allem deshalb, weil spätestens mit der globalen Vernetzung Preise nicht mehr lokal gebunden und von der konkreten Nachfrage gelenkt sind. Spekulationen und der permanente Preisvergleich in Echtzeit setzen die Gleichung Preis = Information ins Werk: »Die Spekulanten werden nun zu Wissensproduzenten, die ökonomische Information in der übersichtlichen und vergleichbaren Form von Preis präsentieren.«[306] Dies setzt ein vermeintlich perfektes Spiel in Gang: Einerseits werden alle Schwankungen der Realwirtschaft über die Gleichung Information = Preis ausgeglichen und andererseits wird erneut die Zukunft angeblich vollständig berechenbar.[307]

Dieses Ideal des Ausgleichs hat einen Namen: Markteffizienzhypothese. Sie ist »the fundamental theory explaining movements in asset prices. The accepted view is that markets operate efficiently and stock prices instantly reflect all available information.«[308] Anders formuliert: Ist die Informationstheorie in die Ökonomie eingeführt, wird die Wirtschaft maximal effizient sein, weil alle Unsicherheiten verrechnet sind. Und wenn doch etwas schiefgeht, sind Latenzen verantwortlich – also Verzögerungen und damit fehlende Informationen. Insiderwissen ist eine vieldiskutierte Variante solcher Latenzen, weil entsprechende Informationen nicht unmittelbar eingepreist werden können und spätere Gewinne und Verluste erklären.[309]

306 Ebd., 78.

307 Vogl: *Das Gespenst des Kapitals*, 154.

308 Trevir Nath: *Investing Basics: What Is The Efficient Market Hypothesis, and What Are Its Shortcomings?*, in: nasdaq.com 15. Oktober 2015, www.nasdaq.com/article/investing basics-what-is-the-efficient-market-hypothesis-and-what-are-its-shortcomings-cm530860 (Zugriff am 4. April 2018).

309 Vgl. Timm Gudehus: *Dynamische Märkte. Praxis, Strategien und Nutzen für Wirtschaft und Gesellschaft*, Berlin, Heidelberg und New York: Springer, 2007.

Seit einigen Jahren haben auch auf den Märkten Algorithmen die Arbeit vieler Börsenhändler übernommen und tun das, was sie am besten können: riesige Datenmengen blitzschnell verarbeiten. Entsprechende Programme unterstützen Händler nicht nur, sondern kaufen und verkaufen selbstständig. Die Black Box übernimmt Teile des Handelsgeschehens. »Aus der Sicht der modernistischen Neoklassik bietet sich durch Echtzeithandel die Möglichkeit, dass Arbitrage praktisch ohne Zeitverzug stattfinden kann, sich deswegen durch die Informationen nicht gerechtfertigte Preisunterschiede sofort verflüchtigen und somit die Finanzmärkte die effizientesten sind.«[310] Dies führt mitunter zu kaum noch verständlichen Dingen wie dem sogenannten Hochfrequenzhandel: Beauftragt ein menschlicher Händler den Kauf einer bestimmten Menge Aktien, die üblicherweise nur bei verschiedenen Börsen vorrätig sind, klemmt sich ein nichtmenschlicher Hochfrequenzhändler dazwischen, nutzt seine bessere Datenleitung, überholt den Käufer und sichert sich die Aktien, bevor der eigentliche Auftrag abgewickelt wurde. Sinn der Sache ist, dem menschlichen Auftraggeber anschließend dieselben Aktien zu einem minimal höheren Preis weiterzuverkaufen und – auf die Menge gesehen – einen schönen Gewinn einzustreichen. Dies findet in Bruchteilen von Sekunden statt, weil auch menschliche Händler Kaufaufträge mittels digitaler Datenverarbeitung versenden. Die Arbeit übernehmen jeweils Algorithmen, und das Tempo des Datentransfers zu den Börsen entscheidet.[311]

310 Andreas Langenohl: *Die Sinndimension von Markt-Zeit. Zum Verhältnis zwischen der Operationsweise von Finanzmärkten und ihren (Selbst-)Darstellungen*, in: Andreas Langenohl / Kerstin Schmidt-Beck (Hrsg.): Die Markt-Zeit der Finanzwirtschaft. Soziale, kulturelle und ökonomische Dimensionen, Marburg: Metropolis, 2007, 7–36, hier 10.

311 Siehe dazu Christian Borch: *Algorithmic Finance and (Limits to) Governmentality: On Foucault and High-Frequency Trading*, in: Le foucauldien 3.1 (2017), www.foucaldien.net/article/10.16995/lefou.28 (Zugriff am 20. September 2018).

Solche Echtzeitspielereien haben, und das ist wahrlich keine Neuigkeit, heftige realwirtschaftliche Auswirkungen. Spätestens seit dem Crash von 2008 ist dies offenkundig. Die Spekulationsökonomie ist dennoch zum Schicksal geworden, weil sie idealtypisch gewissermaßen die Vorstellung einer Systemzeit und einer aufgehobenen Zukunft verkörpert. Weil das, was »vielleicht, möglicherweise oder wahrscheinlich eintreten wird, [...] den Gang der Ereignisse« bestimmt,[312] destabilisiert sie die Vorstellungen davon, was Gegenwart und Realität noch bedeuten können. Zirkularität dominiert das Wirtschaftsgeschehen und legt den »Gedanken nahe, dass das Gesetz der Ökonomie die – zirkuläre – Rückkehr zum Ausgangspunkt, zum Ursprung« ist.[313] Die Regentschaft der Ökonomie, die sich als Neoliberalismus in der Sprache ausbreitet und sich länger schon die Politik untertan gemacht hat, bezieht ihre Selbstsicherheit möglicherweise nicht zuletzt daraus, ein vollständig informationstheoretisches Spiel zu sein. Wenn am Anfang die Information war, kehrt die digitale Echtzeitspekulation nur dorthin zurück.

Unter »informationstheoretischen Gesichtspunkten«, schreibt Stäheli treffsicher, ist »auch ein Gerücht eine Information«.[314] Diese Perspektive ist mittlerweile im Diskurs angekommen. Ein Gerücht gilt zunächst als eine nicht abgesicherte und bisweilen fehleranfällige Information, die dennoch unmittelbar prozessiert wird. Die Dauer, die Latenz also, entscheidet dann, ob aus einem Gerücht Wissen wird, was irgendwie auch Information ist. Am Gerücht zeigt sich wie in einem Brennglas das ganze Dilemma: Ist sie eine Information, die prozessiert

312 Vogl: *Das Gespenst des Kapitals*, 155.

313 Jacques Derrida: *Falschgeld. Zeit geben*, München: Wilhelm Fink, 1993. Dazu siehe auch Tellmann: *Die Zeit und die Konventionen der Ökonomie*; Sven Opitz / Ute Tellmann: *The Politics of Time: Future Emergencies in Law and Economy*, in: Theory, Culture & Society 32.2 (2015), 107–129.

314 Stäheli: *Spektakuläre Spekulation*, 201.

wird, hat sich die Differenz zwischen wahr und falsch erübrigt, weil das Gerücht zirkulär bereits eingespeist wird, bevor sein Wahrheitsgehalt geklärt werden kann. Ein Gerücht zu prüfen, würde allerdings Zeit kosten und das Idealbild eines in Echtzeit operierenden Marktes untergraben, der genau deshalb die Dinge auszutarieren behauptet.

Dieser Riss, der sich am Status des Gerüchts zeigt, durchzieht auch das Mediengeschäft. »Seht, was letzte Nacht in Schweden passiert ist! Schweden, wer hätte das gedacht?«, polterte der US-Präsident Donald Trump im Frühjahr 2017. Wie üblich unkonkret und assoziativ, also ganz im Stil demagogischer Reden,[315] spielt Trump mit Emotionen und streut ein Gerücht. Irgendetwas wird schon passiert sein im europäischen Norden, werden die geneigten Zuhörer womöglich gedacht haben. Irgendetwas mit bösen Flüchtlingen und blonden Frauen. Kritischere Geister fragten umgehend nach, worauf der mächtigste Narzisst der Welt angespielt habe. Als sich bezüglich des letzten Abends nichts, gar nichts finden ließ, was Anlass zur Sorge hätte geben können, war zunächst die Ratlosigkeit groß, bis irgendjemandem das Programm des Senders Fox News in den Sinn kam. Dort lief an dem von Trump benannten Abend eine reißerische und von falschen Verallgemeinerungen getragene Dokumentation – über Schweden. Die Sache mit den Flüchtlingen sei mittlerweile außer Kontrolle; eigentlich herrsche im skandinavischen Land Sodom und Gomorrha.

Die »Dokumentation«, die eigentlich Propaganda heißen müsste, hatte wenig mit den tatsächlichen Verhältnissen in Schweden zu tun. Trumps assoziative Verarbeitung der Fernsehbilder offenbart allerdings etwas anderes: Was am Vorabend über den Äther lief, wird als Gerücht (und damit als Information) verarbeitet und verrichtet sein

315 Vgl. Leo Löwenthal: *Falsche Propheten. Studien zum Autoritarismus*, Frankfurt/Main: Suhrkamp, 1990.

Werk. Die vermeintlichen Ereignisse hatten genau dort ihren Zeitpunkt; sie fanden also gerade in dem Moment statt, als sie rezipiert wurden. »Letzte Nacht in Schweden« meint das Gleiche wie »letzte Nacht bei Fox News über Schweden«. Man mag dies für dümmlich oder einfältig halten, allerdings ist nicht einmal Trump so unterbelichtet, den Unterschied zwischen live und Aufzeichnung nicht zu kennen. Und dennoch produziert das ausgestrahlte Bild einen Wahrnehmungseffekt, den Trump in seiner mitunter brutal direkten Art, als unvermittelte Übersetzung eines machistischen Bauchgefühls in Sprache auf den Punkt formuliert und wirksam unter die Leute bringt. Die so übliche Differenz zwischen Realität und Fiktion, zwischen Wirklichkeit und Ab- oder Zerrbild ist aufgehoben – genauso wie jene zwischen Gerücht und Wahrheit. Oder genauer: Diese Unterscheidungen wurden von unzähligen Fiktionalisierungen unterlaufen.

Diese Verwerfungen im Kontext massenmedialer Kommunikation werden, ähnlich wie Börsen und Finanzmärkte, länger schon kritisch verhandelt. Das Schlagwort »postfaktisch«, 2016 immerhin Wort des Jahres in Deutschland, hat die Debatte popularisiert.[316] Und wenig hat wohl die politische Landschaft so verändert wie das Geraune von Fake News und alternativen Fakten. Dies alles hat unmittelbar mit Computern und Informationen zu tun, mindestens im Hinblick auf die technischen Gegebenheiten. Allerdings wird dieser Tage sehr viel auf die neuen Medien geschoben, deren Bedienung und Effekte noch Neuland sei. Der Umgang mit ihnen müsse erst erlernt werden; was personalisierte Newsfeeds und Echokammern anrichten, sei noch unklar und welche Veränderungen die neue Sichtbarkeit der Stammtische im digitalen Format provoziere, werde sich

316 Wobei kontrafaktisch treffender wäre, weil postfaktisch bedeuten würde, dass frühere Zeiten faktisch waren.

auch noch herausstellen. Das ist allerdings nur die halbe Geschichte, wenn überhaupt. Viel entscheidender ist womöglich die Nivellierung von Gerücht oder Lüge und Wissen im stetigen Informationsfluss.

Ein Begriff wie alternative Fakten verdeutlicht die Problematik. Jenseits ihres Wahrheitsgehalts sind auch sie Informationen, jedenfalls im Rahmen eines hochdynamischen Mediengeschäfts, das die Differenz von wahr und falsch der permanenten Aktualität geopfert hat. Gerüchte, Lügen und Falschmeldungen werden unmittelbar prozessiert, also gestreut und geteilt; ihre politische oder öffentliche Wirksamkeit erreichen sie im Moment, um anschließend zu verfallen. Wie gesagt: »Nach einer Information kann es nur andere, neue Informationen geben.«[317] Um schließlich prozessierte Informationen auf einer Skala von wahr und falsch einzuordnen, braucht es nur so viel Zeit, dass die Frage nicht mehr relevant ist, weil der nächste Zyklus der Informationsverarbeitung bereits in vollem Gange ist. Die Frage wäre also nicht, was alternative Fakten sein sollen. Viel wichtiger wäre zu klären, welche Art des Wissens, welche Wissensordnung es ermöglicht, dass noch jede Behauptung unumwunden in den Rang einer Tatsache erhoben werden kann. Die Antwort darauf ist allgemeiner und umfassender, als nur auf neue Medien und Geräte zu verweisen und darauf, dass sich die Dinge schon beruhigen werden. Informationsglaube und Systemzeit, mit denen Gegenwart und Realität selbst wacklige Angelegenheiten wurden, haben gewissermaßen den Rahmen gesprengt, in dem es möglich war, die Plausibilität von Behauptungen zu gewichten. Wenn Latenz der Feind ist und am Grund allen Seins und Denkens Informationen zirkulieren, lässt sich zwischen Gerücht und Tatsache, zwischen Fakten und alternativen Fakten oder News und Fake News nicht mehr unterscheiden. Solche Differenzen sind für die prozessierende Maschine irrelevant.

317 Luhmann: *Entscheidungen in der »Informationsgesellschaft«.*

Die fälschlich der Postmoderne, genau genommen dem Poststrukturalismus und ihren »Erfindern« in die Schuhe geschobene Beliebigkeit hat also viel mit Information, Fiktionalisierung und Systemzeit und wenig mit Foucault, Derrida oder Jean-Fançois Lyotard zu tun. »Anything goes« lässt sich aus den einschlägigen Texten nicht herauslesen oder entspringt einer offenkundigen Fehllektüre.[318] Vielmehr handelt es sich um die gleichsam logische Folge einer informationstheoretischen Wissensordnung, die alle Unterschiede zugunsten prozessierter Informationen aufhebt. Wer alles verrechnen will oder alles als digitale Kalkulation deutet und auf Echtzeit beschleunigt, muss substantielle Differenzen wie die zwischen Wissen und Gerücht einebnen, genauso wie jene zwischen Gefühl, Instinkt, Ahnung und Gedanke im neuronalen Rechenapparat.

Diese Dynamik des Mediengeschäfts produziert zwangsläufig unzählige Fiktionalisierungen, die das Konzept von Realität in schwere Turbulenzen treiben. Allerdings handelt es sich in diesem Fall nicht um die Überblendung von wahrscheinlich und wirklich. Vielmehr hat die serielle Verdopplung des Wirklichen im Medium eine Art Spiegelkabinett installiert, das unzählige Verzerrungen abliefert. Jean Baudrillard hat diese Dopplungen und Wirren Hyperrealität genannt und davon gesprochen, dass mittlerweile referenzlose Zeichen ihr Unwesen treiben. Trumps Hinweis auf Schweden lässt sich so verstehen: Seine Einordnung vermeintlicher Ereignisse evoziert ein hyperreales Wirklichkeitsbild ohne tatsächliche Referenz. Der entscheidende Punkt ist, dass wir nicht nur mit einer medialen Sphäre konfrontiert

318 Prägnant dazu Sylvia Sasse/Sandro Zanetti: *Postmoderne als Pappkamerad*, in: Geschichte der Gegenwart 11. Juli 2017, www.geschichtedergegenwart.ch/postmoderne-als-pappkamerad (Zugriff am 30. September 2018) und Philipp Sarasin: *Fakten. Was wir in der Postmoderne über sie wissen können*, in: Geschichte der Gegenwart 9. Oktober 2016, www.geschichtedergegenwart.ch/fakten-was-wir-in-der-postmoderne-ueber-sie-wissen-koennen (Zugriff am 30. September 2018).

sind, die ein schräges Eigenleben entwickelt hat. Viel bedeutsamer ist dagegen, dass Sinn und Begriff von Realität nur mehr mit ihrer endlosen Verdopplung im Medialen zu verstehen ist. Zwar ließe sich argumentieren, dass Trump nur Unsinn redet, wenn er Schweden am Vorabend thematisiert. Er führt allerdings nur dreist vor, was möglich ist: Bestimmte Signifikanten zirkulieren als hyperreale Zeichen, provozieren Machteffekte und unterhalten eine mindestens komplizierte Verbindung zu jenen Dingen, die wirklich passieren.

Zugegeben: Das ist nicht unbedingt neu. Propaganda, Demagogie oder heftige ideologische Verzerrungen gehören zum Mediengeschäft und sind viel länger schon Teil öffentlicher Kommunikation. Dennoch ist die Beschleunigung allenthalben zu beobachten,[319] die der Beliebigkeit Vorschub leistet, weil sie garantiert, dass das nächste Thema unmittelbar anschließt. Zwar lässt sich im Nachgang prüfen, welche Tweets gelogen und welche Nachrichten fake waren (nachzulesen etwa bei hoaxmap.org). Das allerdings schmälert den Wirkungsgrad der gestreuten Information nur bedingt, also nur für Leute, die ohnehin schon skeptisch sind. Wir haben es also nicht mehr mit irgendwie manipulierten Abbildern der Wirklichkeit zu tun. »Heutzutage funktioniert die Abstraktion nicht mehr nach dem Muster der Karte, des Duplikats [oder] des Begriffs. [...] Vielmehr bedient sie sich verschiedener Modelle zur Generierung eines Realen ohne Ursprung oder Realität, d. h. eines Hyperrealen.«[320] Trump manipuliert also nicht Tatsachen und stellt sie falsch dar. Er bedient sich stattdessen aus einem Arsenal hyperrealer Bilder und Assoziationen, die faktisch ohne Wirklichkeitsbezug ihr Werk verrichten. »Die Geschichte ist immer mehr auf den Wahrscheinlichkeitsbereich ihrer Ursachen und

319 Christoph Türcke hat dies treffsicher »Nachrichten-Hochdruck« genannt, Christoph Türcke: *Erregte Gesellschaft. Philosophie der Sensation*, München: C. H. Beck, 2002, 11.

320 Jean Baudrillard: *Agonie des Realen*, Berlin: Merve, 1978, 7.

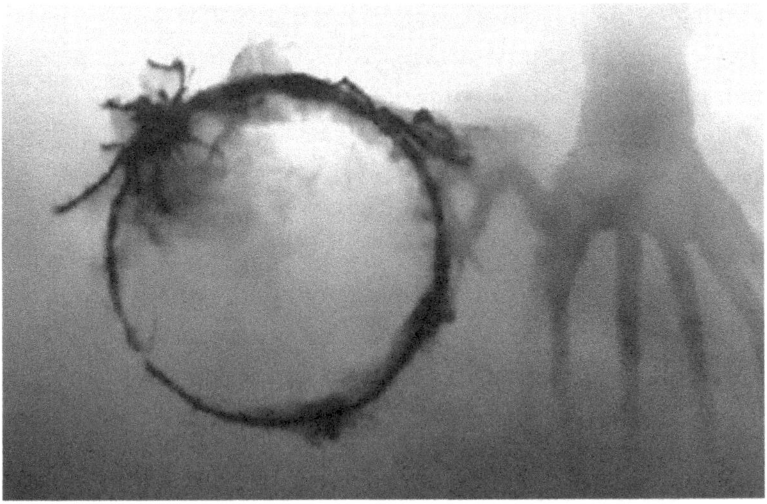

Abb. 5: Bildstill aus dem Film *Arrival* (2016)

Wirkungen geschrumpft«, verdichtet Baudrillard, und »in jüngster Zeit auf den Bereich der Aktualität und ihrer Effekte in ›Echtzeit‹.«[321]

Bleibt noch ein kurzer Blick in die Popkultur, die vor Informationszirkulation, Systemzeit und verrechneter Zukunft nur so strotzt. Einige Beispiele sind bereits eingeflossen. Andere wären der Film *Source Code* (2012, Regie Duncan Jones), in dem der klinisch tote Hubschrauberpilot Colter Stevens mit einem Computerprogramm die Gedächtnisinhalte eines anderen Verstorbenen quasireal durchlebt, davon mithilfe der Software berichtet und einen unmittelbar bevorstehenden Terroranschlag zu verhindern hilft. Letztlich spaziert Stevens, in der Software und im Körper des Toten, glückselig davon – in einer anderen, irgendwie digitalen Realität. Damit ist im Film beides

321 Jean Baudrillard: *Die Illusion des Endes oder der Streik der Ereignisse*, Berlin: Merve, 1994, 41.

abgebildet, die Zeitschleife bzw. die Zirkularität (Stevens durchläuft die Gedächtnisinhalte des anderen Toten mehrfach) und die informationstheoretische Verdopplung der Welt, weil die Hauptfigur in eine andere, faktisch unstoffliche Welt entschwindet, statt schlicht zu sterben. Die schräge Dystopie *High-Rise* (2013, Regie Ben Wheatley), die den spätkapitalistischen Exzess porträtiert, beginnt mit den vielsagenden Worten: »Manchmal fiel es ihm schwer zu glauben, dass sie nicht in einer Zukunft leben, die bereits stattgefunden hatte.« Und in der Verfilmung des Marvel-Klassikers *Doctor Strange* (2016, Regie Scott Derrickson) heißt es lapidar: »Die Zeit ist der Feind.« Passend spielt der Plot mit allmächtigen Kräften, die Materie und Zeit bedeutungslos machen. Die Rettung vor dem Bösen gelingt mit einer Zeitschleife.

Der hochgelobte Film *Arrival* (2016, Regie Denis Villeneuve) thematisiert auf geschickte Weise die Kommunikationsprobleme mit Außerirdischen. Nach anfänglichen Schwierigkeiten realisieren die Wissenschaftler, deren Aufgabe es ist, ein Gespräch zu initiieren, dass die fremden Lebensformen mit zirkulären Zeichen arbeiten (siehe Abbildung 5). Dies allein ist schon eine schier unlösbare Denkaufgabe, weil menschliche Kommunikation zwingend davon lebt, dass Zeichen in einer bestimmten Reihenfolge, also linear, angeordnet sind. Signifikanten zirkulär anzuordnen, unterläuft das menschliche Sinnkonzept; nicht einmal Zahlen würden noch ihren Sinn preisgeben. Schließlich stellt sich heraus, dass an den kreisrunden Zeichen auch die bis dato nicht verfügbare Denkleistung hängt, Zeit (gemeint ist nicht die soziale oder planetarische Zeit, sondern Zeit überhaupt) insgesamt nicht mehr als linear, sondern als zirkulär wahrnehmen zu können. Diese Kompetenz soll das Geschenk der fremden Lebensformen an die Menschen sein, weil die Fremden in 3.000 Jahren unsere Hilfe benötigen werden. Der logische Fehler, dass mit einem zirkulären Zeitkonzept die Bedeutung der Aussage »3.000 Jahre« restlos unklar wird, ist den Machern des Films leider entgangen. Die bereits erwähnte Krimiserie

Sherlock spielt den Gedankengang einer aufgehobenen Zukunft, die letztlich berechenbar ist, an unterschiedlichen Stellen wortreich durch. »Interessant, oder?«, sagt Sherlock Holmes begeistert. »Ich hatte schon einmal die Theorie, dass man fast alles voraussagen und deduzieren können müsste, wenn man auf alle verfügbaren Datenströme der Welt gleichzeitig Zugriff hätte.« Und schon wieder: Das Kontingente und Ereignishafte wird der präzisen Verrechnung geopfert; die Zeit wird als restlos kontrollierbar in die Zeit eingeführt.

Baudrillard, in dessen assoziativen und provokativen Texten mitunter etwas Prophetisches steckt, hat schließlich die systemzeitliche Logik des Informationsdiskurses schon beschrieben, bevor die Rechner den Erdball erobert hatten. Bereits 1992 gibt er zu Protokoll, die Information sei »orbital«. Am Begriff hänge »ein Wissen, [...] daß den Boden nie mehr berühren und weder eine wirkliche Verankerung noch einen wirklichen Bezugspunkt haben wird. Es zirkuliert, es dreht sich, es vollendet seine manchmal vollkommen unnützen Umläufe. [...] Der Fortschritt selbst ist zirkulär.«[322]

322 Jean Baudrillard: *Transparenz des Bösen. Ein Essay über extreme Phänomene*, Berlin: Merve, 1992, 36f. Selbst ins Verschwörungstheoretische kippende Varianten der Esoterik sind von Informationen affiziert. Blut und Wasser etwa speichern sie, Wasser lässt sich zielsicher »informieren«, wenn man es etwa auf Mathematikbücher stellt, siehe allgemein zu »Wasser als Informationsspeicher«: www.wasserhelden.net/ratgeber/wiki/was-bedeutet-strukturiertes-und-informiertes-wasser (Zugriff am 19. März 2018). Man mag von Wirren dieser Art halten, was man will. Sie heften sich trotz ihrer Absurdität nicht restlos zufällig an Dinge und Themen. Die Präsenz des Informationsdenken selbst in so abgedrehten Szenen spricht Bände. Offen oder heimlich, akademisch oder abgedreht liefern Informationen scheinbar Antworten auf alles. Sie sind das allgemeine Imaginäre, der Mikrogott und die perfekte Wette auf die Zukunft. Schließlich sollte 2017 sogar eine Software, also eine Ansammlung aus Algorithmen, effektiv die Abgasmenge bei Dieselfahrzeugen reduzieren und den dazugehörigen Skandal beenden, siehe www.spiegel.de/auto/aktuell/diesel-affaere-fuenf-millionen-autos-bekommenneue-software-a-1161056 (Zugriff am 19. März 2018). *The Long Now Foundation* (vgl. Vera Fischer: *Vom langen Jetzt. Eine medienphilosophische Zeitreise zur Long Now Foundation*, Bielefeld: transcript, 2017) macht schließlich die Unendlichkeit der Gegenwart und damit das Ende des historischen Prozesses selbst zu ihrem Credo.

AM ENDE BLEIBT NICHTS

Douglas Quaid: »Ich denke ...«
Cohaagen: »Wer hat Ihnen befohlen zu denken? Sie haben gar nicht genug Informationen, dass es sich für Sie lohnt zu denken.«

Total Recall (1990, Regie Paul Verhoeven)

Die Informationstheorie war angetreten, um den entropischen Weltuntergang zu vertreiben, um dieses dystopische und wissenschaftlich scheinbar unumstößliche Bild irgendwie geradezurücken. Das ist ihr gelungen. Die heutigen Zukunftsphantasien leben vom Digitalen, von Null und Eins – im Guten wie im Schlechten. Technikoptimismus und Dystopie teilen sich den Markt und bespielen fast synchron das gleiche Thema. Die Hoffnung auf die digitale Erlösung ist das Spiegelbild der Angst vor den Algorithmen und der mit ihr einhergehenden Unfreiheit. Das »epistemische Ding« Information dient als Ausgangspunkt oder sogar als phantasmatischer Ursprung all dieser Debatten. Der gesamte Diskurs zur Digitalisierung und zur künstlichen Intelligenz kommt nicht ohne dieses Basiselement aus, obwohl – oder gerade weil – bis heute restlos unklar ist, wie sich Information definieren oder halbwegs trennscharf abgrenzen lässt.

Das heißt freilich nicht, dass sich nichts verändert. Die Rechner und Mikrorechner arbeiten immer besser, Algorithmen gestalten das tägliche Leben genauso um wie die Arbeitswelt, Öffentlichkeit und Politik. Wohin dies führt, wird sich noch zeigen. Im Moment jedenfalls scheint es, dass die Sozialwissenschaften dem Zeitgeist hinterherhinken: »Es ist keine Schande zu bekennen, dass auch uns Sozialwissenschaftlern die Sprache versagt, angesichts der Wirklichkeit, die uns überrollt«, schreibt Ulrich Beck anlässlich einer Laudatio auf Zygmunt Bauman. »Die Sprache der soziologischen Theorien (aber auch der empirischen Forschung) erlaubt uns, uns dem Immergleichen des sozialen Wandels oder der Ausnahme der Krise zuzuwenden, aber sie erlaubt uns nicht, die gesellschaftshistorische Verwandlung der Welt am Beginn des 21. Jahrhunderts auch nur zu beschreiben, geschweige denn sie zu verstehen.«[323]

Hinter diesen drastischen Veränderungen, zumeist verborgen oder wenigstens uneingestanden, werkelt allerdings ein quasireligiöser Glaube, der die großspurigen Debatten um die Technik erst ermöglicht. Ohne ihn macht sich zwar die Digitalisierung auf den Weg. Sie hätte allerdings nie die Kraft, so große Dinge wie Denken, Intelligenz und Zukunft vermeintlich restlos umzugestalten und die Materie selbst zum basalen Ausdruck einer ganz anderen unstofflichen Wirklichkeit werden zu lassen. Der Zauber der Technik bringt eine Wissensordnung samt neuer Hoffnungen und Ängste mit sich. Besonders die Vorstellung, alles Gegenständliche sei nur sekundär und würde endlich den Kräften des rechnenden Geistes untergeordnet, beschwört den göttlichen Funken. Nicht sicht- oder greifbar, also substanzlos und dennoch überall, wirkt der Heilige Geist in allem – irgendwie. »Wer mit den neuen Medien umgeht«, schreibt Jochum treffsicher, »nimmt teil an einer Erlösung des Menschen von seinem Leib und seiner Welt, die beide ihm auf Schritt und Tritt Grenzen setzen. Die mediale [oder informationstheoretische, R. F.] Überwindung von Leib und Welt inszeniert daher nichts anderes als eine

323 Ulrich Beck: *Sinn und Wahnsinn der Moderne*, in: taz 14. Oktober 2014, www.taz.de/!5031155 (Zugriff am 4. September 2018).

Eschatologie, die auf technischem Wege das Ende der Geschichte realisieren soll.«[324]

Dieser »Rechnermessianismus« (Dietmar Dath) ist nicht neu. Seit den 1950er Jahren steht der Durchbruch ständig kurz bevor. Jenseits aller praktischen Veränderungen versprechen Computer und Digitalisierung also länger schon ein völlig neues Denken, einen neuen Raum-Zeit-Bezug und eine Neujustierung des Menschen mithilfe seiner vollständigen technischen Reproduktion, seines Uploads. Doch auch die Prognosen treffen nicht zu. Der Grund dafür ist nicht die Entwicklungskurve digitaler Geräte – ganz im Gegenteil. Weil allerdings der Digitalisierungs- oder Informationsdiskurs auch die großen philosophischen Fragen ins Fadenkreuz nimmt, ist sein permanentes Scheitern zu beobachten. Dieses Scheitern wird jedoch notorisch in einen Aufschub umgemünzt, also auf bald kommende Entwicklungen verschoben.

Das Informationszeitalter leidet, wie gesagt, an Parusieverzögerung. Die Hoffnung auf den digitalen Durchbruch wirkt wie die altchristliche »Naherwartung« der Wiederkehr Jesu mit seiner Erlösungskraft und der unmittelbaren Herrschaft Gottes. Bald schon, erklingt es beinahe synchron, wird sich alles ändern und die lästige Vergänglichkeit, die Not des Materiellen wird überwunden sein. Davor allerdings droht die »Große Trübsalzeit« (Matthäusevangelium 24,21): Der Neuschöpfung der Welt geht eine erwartete dramatische Endzeit voraus. Das mag etwas forsch sein, und dennoch trägt die Analogie. Die Tristesse des frühen 21. Jahrhunderts, das endlose Recycling alter, längst überwunden geglaubter Ideologien, die Perspektivlosigkeit nach dem »Ende der Geschichte« erscheint gerade wie diese Trübsal. Einzig die Hoffnung auf die digitale Erlösung funkt immer mal dazwischen. In der Rubrik »globale Verantwortung« und

324 Jochum: *Kritik der neuen Medien*, Klappentext.

»Frieden in Europa« kündigen CDU und SPD im Herbst 2017 an, ein deutsch-französisches Zentrum zur »Erforschung künstlicher Intelligenz« aufzubauen.[325] Wenn nichts bleibt an Perspektiven und Bildern einer besseren Zukunft, liefert wenigstens die künstliche Intelligenz noch eine Vision.

Information schließlich ist nicht nur ein »epistemisches Ding«, also ein wandelbarer Begriff in einer bestimmten Wissensordnung, der sich nicht so einfach an etwas Reales anheften lässt. Information ist auch ein eschatologisches, ein letztes Ding, das den Anbruch einer neuen Zeit bedeutet, selbst wenn diese sich weiterhin bitten lässt. Ob am Anfang das Wort oder die Information war, ist letztlich egal, weil Information auch nur ein Wort ist und weil am Ende nichts bleibt außer Signifikanten, die sich untereinander abgrenzen und um ihren Sinn feilschen. Statt Null und Eins findet sich dort, am Anfang, vermutlich eher eine »symptomatische Leere in der Seinsordnung«,[326] die Kontingenz des Ursprungs oder wie Slavoj Žižek sagen würde: the void. Egal wo die technischen Entwicklungen noch hinführen werden, Materialität, Zeit und menschlicher Eigensinn werden nicht im digitalen Orbit verschwinden. Das Digitale braucht die Hardware wie das Menschliche die Leiblichkeit.

»Was wäre die Zukunft, ließe die Entscheidung sich programmieren [...]«,[327] fragt Derrida rhetorisch, um anschließend dem unscheinbaren Wort *vielleicht* einige Seiten zu widmen. Was so nebensächlich wirkt und in der Alltagssprache eher als Füllwort dient, ist für Derrida wie eine Bastion gegen die Trostlosigkeit flächendeckender Kalkulation. Die schöne (Schalt-)Logik der Informationstheorie kennt kein Vielleicht. Rechner können keine Zufallszahlen

325 Siehe www.tagesschau.de/inland/ergebnis-sondierungen-101.pdf, 5. (Zugriff am 12. Januar 2018).

326 Slavoj Žižek: *Die Tücke des Subjekts*, Frankfurt/Main: Suhrkamp, 2001, 324.

327 Jacques Derrida: *Politik der Freundschaft*, Frankfurt/Main: Suhrkamp, 2002, 55.

generieren, bestenfalls bekommen sie Zahlenreihen hin, die zufällig aussehen. Und wann immer das Wort »vielleicht« seinen Sinngehalt ausspielen darf, richtet es sich auf etwas Kommendes, das so oder anders werden kann. Vielleicht eben. Wer allerdings in endlosen Rechenoperationen auf der Basis von Null und Eins die unstoffliche Substanz erblickt, um von dort aus alles andere zu Variationen dieser einfachsten aller möglichen Unterscheidungen zu erklären, kassiert jedes Vielleicht. Die zeitgenössischen Ausprägungen einer informationstheoretischen Ordnung des Wissens zeigen dies mit Nachdruck: Wenn Liebe, Gesundheit, Kriminalität und Tod restlos taxiert weil berechnet sind (oder dies zumindest bald sein werden), wenn die Zukunft im Modus der Systemzeit immer schon Gegenwart ist und umgekehrt, bleibt kein Platz mehr für das, was vielleicht ist oder sein wird. Aus Konjunktiv wird Kalkulation.

Die Unbestimmbarkeit des Kommenden bleibt jedoch genauso bestehen wie die Differenz zwischen denken, fühlen und prozessieren. Dies erschüttert die informationstheoretischen Aspirationen immer wieder schwer. Wer allerdings das Vielleicht der Kalkulation opfern will, streicht auch dessen Gegenüber. Wenn die flächendeckende Kalkulation alle Unterschiede zwischen »bestimmt« und »vielleicht« oder zwischen »möglich« und »sicher« unterläuft, wenn sie »wirklich« mit »wahrscheinlich« kurzschließt und dabei scheitert, dann sind die an sich schon brüchigen Differenzen zwischen Fiktion und Wirklichkeit aufgehoben. »Hyperreal« und »digital« übernehmen, Erzählungen geben sich die Klinke in die Hand und reklamieren jeweils den gleichen Wahrheitswert. Die Beschleunigung tut ihr Übriges. Dies mag das epistemische Fundament eines Zeitgeistes sein, der jede noch so dreiste Behauptung zulässt und dafür sorgt, dass mit Donald Trump ein Aushängeschild des Selbstwiderspruchs und der offensichtlichen Lüge sogar das Oval Office in Besitz nehmen kann. Auf die Frage etwa, ob er zur nachweislich falschen Aussage stehe,

Barack Obama habe ihn abhören lassen, antwortet er allen Ernstes: »I don't stand by anything. [...] You can take it the way you want.«[328] Trump ist allerdings nur der vermutlich schärfste Ausdruck einer politischen Kultur digitaler Echtzeit, in der einzig der machtpolitische Augenblick zählt.

Sicher, eigenwillig gewichtet, verdreht oder gelogen wurde schon immer. Das ist Teil des politischen und öffentlichen Geschäfts. Gegenwärtig allerdings muss sich die Lüge nicht mehr verstecken oder verbergen. Sie entfaltet ihre Wirkung und wird im Hochgeschwindigkeitsgeschäft des Medialen umgehend verstoffwechselt. Ihr Status als Lüge oder Verdrehung geht in der Masse der Fiktionalisierungen unter. Selten war es so einfach, die eigene Meinung als Narrativ gegen logische oder sachliche Einwände abzudichten. Wenn die ganze Welt nur noch aus unzähligen Fiktionen, aus einem Stimmengewirr individueller oder kollektiver Meinungen besteht, geht die Referenz verloren. Die einen feiern schließlich die dreiste Selbstermächtigung von Trump und Co. und reden sich beharrlich ein, dass noch der dümmste Tweet die Wahrheit spricht. Die anderen dagegen regen sich auf und weisen genauso beharrlich auf Widersprüche und Falschaussagen hin. Am Ende sind alle beschäftigt. Die »unerträgliche Gleichzeitigkeit des Seins« übernimmt und provoziert »information rage«, wie Bernhard Pörksen die Gereiztheit der Gegenwart umschreibt (allerdings ohne den Begriff Information kritisch in Zweifel zu ziehen).[329]

Vielleicht liegen die Dinge auch anders. Auf vielfältige Weise lässt sich gegenwärtig eine Rückkehr des Irrationalen beobachten, Glaubenszusammenhänge und Dogmen haben Konjunktur. Naturalistische Fixierungen, romantische Nationalismen, Homöopathie,

328 www.youtu.be/1ZAPwfrtAFY (Zugriff am 20. Januar 2018).

329 Bernhard Pörksen: *Die Theorie der Filterblasen ist nicht länger haltbar.*

religiöser Fundamentalismus, Verschwörungstheorien aller Art oder radikale Impfgegner und eine renitente Kultur des Behauptens, bekannt als postfaktisch oder Fake News, gehören zum Tagesgeschäft. Neu ist das alles nicht, Sichtbarkeit, Prominenz und Wirkung allerdings erreichen mittlerweile andere Dimensionen. Dass nicht die »böse« Postmoderne für Entwicklungen dieser Art in Haftung genommen werden kann, hatte ich schon argumentiert. Möglicherweise jedoch handelt es sich um diverse Ausprägungen einer Gegenbewegung: Auf der einen Seite verspricht die nackte Objektivität von Informationen die totale Verrechnung der Welt, womit mindestens potentiell noch das letzte Geheimnis gelüftet wäre.[330] Auf der anderen drängen Variationen von festen Glaubenssätzen, getragen vom positiv gedeuteten Unwissen, in den Vordergrund (»Du kannst erzählen oder argumentieren, was du willst: Ich glaube daran«). Ein solcher Zusammenhang bleibt selbstredend spekulativ. Unplausibel erscheint es jedoch nicht, dass die selbst mythologische totale Kalkulierbarbeit vom mystischen Glauben attackiert wird.

Die Absurdität einiger reaktionärer Stimmen, die sich kritisch zur Digitalisierung äußern, verdeutlicht zudem die religiöse Kontur des digitalen Wissens. Ein Manifest, geschrieben von 24 DDR-Bürgerrechtlern und veröffentlicht im Mai 2018, zeichnet ein bedrohliches Bild: Man sei von der Sorge getrieben, heißt es in der dazugehörigen Pressemitteilung, dass eine neue Art totalitärer Durchdringung der Gesellschaft droht. Einer, aber keineswegs der einzige Grund dafür, sei der in vielen Medien erhobene Verdacht, dass Facebook Wahlen und Volksabstimmungen beeinflusst hat. Auch wenn dieser Angriff auf unser Gemeinwesen auf leiseren Sohlen daherkomme als der offene Terror des Dritten Reichs oder die SED-Diktatur, seien die

330 Zum Geheimnis Sebastian Klinge/Laurens Schlicht (Hrsg.): *Geheimes Wissen. Perspektiven auf das Wissen vom Geheimnis seit dem 18. Jahrhundert*, Berlin: trafo, 2014.

bereits heute an Millionen Menschen zu beobachtenden Schäden beunruhigend. In dem Manifest heißt es: »Wir entdecken in der digitalen Umwandlung unserer Gesellschaft totalitäre Züge, die uns in unseren bürgerrechtlichen Intentionen zuwider sind.«[331]

Was in der Geschichte des Wissens als neuerliche Phantasie einer Letztbegründung auftaucht, wird hier dreist mit politischen Themen vermengt und in eine abenteuerliche Reihe einsortiert. Neben einer begründeten Skepsis gegenüber dem homo digitalis, wie der Fernsehsender Arte das gegenwärtig wirksame Bild des Menschen getauft hat,[332] gesellt sich hier eine atemberaubend geschichtsvergessene und reaktionäre Haltung.

Harald Welzer, Sprachrohr der ökologischen und wachstumskritischen Bewegung, bläst in seinem Buch *Die smarte Diktatur* ins selbe Horn wie die ehemaligen Bürgerrechtler in ihrem Manifest. Auch er sieht einen Totalitarismus heraufziehen, der ganz heimlich und von innen die Menschen befällt und unmündig macht. Verantwortlich dafür ist, wenig überraschend, die smarte Technik, die uns zu »Konsum-Zombies« werden lässt.[333] Welzer sieht zwar durchaus, dass Algorithmen tatsächlich einigermaßen weit weg davon sind, die Empfindungen der Menschen adäquat zu berechnen und ihre (Konsum-) Wünsche schon zu kennen, bevor diese dem Einzelnen in den Sinn kommen. Er erkennt an, »[d]ass die Angebote zuweilen ein bisschen

331 Das Manifest ist hier nachzulesen, zusammen mit einem Begleittext: www.dermenschist keinemaschine.de (Zugriff am 18. Mai 2018).

332 Siehe www.arte.tv/en/videos/RC-015228/homo-digitalis (Zugriff am 18. Mai 2018). Bereits 2015 (auf Dänisch sogar schon 2013) erschien ein Buch mit diesem Titel, das allerdings wenig aussagekräftig zum Thema ist, vgl. Natasha Saxberg: *Homo Digitalis: How Human Needs Support Digital Behavior For People, Organizations And Societies*, Amazon Digital Services LLC, 2015. Christian Montag: *Homo Digitalis: Smartphones, soziale Netzwerke und das Gehirn*, Wiesbaden: Springer VS, 2017 verwendet den Begriff ähnlich flach und redet vorrangig über die Nutzung von Smartphones. Seit einiger Zeit macht der Begriff die große Runde, siehe etwa Capurro: *Homo Digitalis*.

333 Welzer: *Die smarte Diktatur*, Klappentext.

dämlich anmuten, weil man ja zum Beispiel kaum dazu neigen wird, noch 47 Wochen lang Kaffeemaschinen zu kaufen, nachdem man einmal eine im Netz gesucht hat«. Was nach einem Argument klingt, mit dem sich zeigen ließe, dass die »smarte Diktatur« nicht unmittelbar vor der Tür steht, wird von Welzer in eine ganz andere, zumindest latent verschwörungstheoretische Richtung aufgelöst, weil man sich nicht durch Werbung für Kaffeemaschinen »vom Wesentlichen ablenken« lassen solle. »Es geht ein Gerücht«, merkt er doppelbödig an, »dass solche Plumpheiten absichtlich programmiert werden, um den zutreffenden Eindruck zu vermeiden, dass diese Programme mittlerweile wirklich sehr smart geworden sind«.[334] Hinter der nicht selten trivialen Fassade programmierter Handlungsvorschriften (alias Algorithmen) lauert also eine geheime Macht, die sich still und leise schon zur Diktatur gemausert hat und von der Welzer ein wesentliches und zutreffendes Gerücht kennt. Welzer und andere Pessimisten[335] teilen schließlich mit den euphorischen Stimmen zu künstlicher Intelligenz die Annahme, dass Mensch und Maschine nur graduell unterschiedlich sind. Nur vor dem Hintergrund dieser prinzipiellen Gleichsetzung kann das Utopische ins Dystopische kippen, weil die Macht der Technik nur dann totalitär sein kann und den Menschen unterjocht, wenn dieser die entsprechenden Schnittstellen bereithält und sich umprogrammieren lässt. Anders formuliert: Die dystopische Drehung setzt insgeheim selbst ein informationstheoretisches Menschenbild voraus, weil nur so der Blick nach vorn angemessen gruselig ist (und die Verkaufszahlen stimmen).

334 Ebd., 137.

335 Schlecky Silberstein: *Das Internet muss weg: Eine Abrechnung*, München: Knaus, 2018; etwas weniger scharf, aber in der Sache ähnlich Christoph Keese: *Silicon Valley. Was aus dem mächtigsten Tal der Welt auf uns zukommt*, München: Knaus, 2014 und Evgeny Morozov: *Smarte neue Welt: Digitale Technik und die Freiheit des Menschen*, München: Karl Blessing, 2013.

Die eingangs erwähnte digitale Kopie von Ash aus der Serie *Black Mirror* kehrt schließlich körperlich reproduziert zu Martha zurück. Sie bekommt einen Bausatz, der nur zusammengesetzt und aktiviert werden muss. Das Duplikat fühlt sich menschlich an, sieht exakt aus wie Ash, spricht wie er und reagiert zumeist sogar wie sein menschliches Pendant. Allerdings ist Ash immer nett, selbstlos und lässt jeden Eigensinn, jeden Egoismus und alle Kanten vermissen. Seine Existenz, wenn man davon reden mag, ist nur eine Art operatives Geschäft, ausgerichtet auf Genuss und Zuneigung seiner menschlichen Freundin. Er würde sie nur auf ihren Befehl beschimpfen oder irgendetwas tun, was nicht ihr Wunsch ist. Um Widerspruch muss Martha bitten, der dementsprechend wenig überzeugend vorgetragen wird. Schließlich lässt Martha die Situation eskalieren und führt ihren digitalen Freund an eine Klippe, um ihm den Befehl zum Springen zu erteilen. Dazu kommt es zwar aus dramaturgischen Gründen nicht. Deutlich wird aber, dass der künstliche Ash es tun würde und dass sein Betteln und Wimmern »vom Band« kommt, also nur das für diesen Moment erwartete Verhalten darstellt. Spätestens an dieser Stelle wird die irreduzible Differenz zwischen Mensch und Maschine deutlich, egal wie fähig und optimiert sie ist. Ein zwar digitales, aber immer noch maschinelles »Leben« hat keinen Bezug zum Tod, es kennt kein »Sein zum Tode«.[336] Leib, Vergänglichkeit und Emotion gibt es nur als prozessierte Kopie, als digitales Imitat. Damit spielt auch die historische Zeit, die unweigerlich am Leiblichen und dessen Endlichkeit hängt, keine Rolle. Die substantielle Differenz zwischen menschlichem Denken und Fühlen auf der einen Seite und Prozessieren auf der anderen wird eindrücklich sichtbar. Die Leistungsfähigkeit der Maschine spielt dafür keine Rolle.

336 Martin Heidegger: *Sein und Zeit*, Berlin, München, Boston: De Gruyter, 2013, 123.

LITERATUR

Anderson, Chris: *The End of Theory. The Data Deluge Makes the Scientific Method Obsolet*, in: Wired 16.7 (2008), www.wired.com/2008/06/pb-theory.

Asimov, Isaac: *Ich, der Roboter: Erzählungen*, München: Wilhelm Heyne, 2016/1950.

Bar-Hillel, Yehoshua und Rudolf Carnap: *An Outline of a Theory of Semantic Information*, Techn. Ber., Massachusetts Institute of Technology, Research Laboratory of Electronics, 1952.

— *Semantic Information*, in: The British Journal for the Philosophy of Science IV.14 (1953), 147–157.

Barron, Iann und Ray Curnow: *The future with microelectronics*, Open University Press, 1979.

Baudrillard, Jean: *Agonie des Realen*, Berlin: Merve, 1978.

— *Die Illusion des Endes oder der Streik der Ereignisse*, Berlin: Merve, 1994.

— *Transparenz des Bösen. Ein Essay über extreme Phänomene*, Berlin: Merve, 1992.

Beck, Ulrich: *Sinn und Wahnsinn der Moderne*, in: taz 14. Oktober 2014, www. taz.de/!5031155.

Belina, Bernd: *Kriminalitätskartierung – Produkt und Mittel neoliberalen Regierens*, in: Geographische Zeitschrift 97 (2009), 192–212.

— *Predictive Policing*, in: Monatsschrift für Kriminologie und Strafrechtsreform 99.2 (2016), 85–100.

Bell, Daniel: *The Coming of Post-Industrial Society*, New York: Basic Books, 1973.

Benjamin, Walter: *Der Erzähler. Betrachtungen zum Werk Michail Lesskows*, in: Alexander Honold (Hrsg.): Erzählen. Schriften zur Theorie der Narration und zur literarischen Prosa, Frankfurt/Main: Suhrkamp, 2007, 103–129.

Bentham, Jeremy: *An Introduction to the Principles of Morals and Legislation*, London: The Athlone Press, 1970/1828.

Beuth, Patrick: *Wie ein Toter als Chatbot weiterlebt*, in: Zeit Online 7. November 2016, www. blog.zeit.de/teilchen/2016/10/07/ki-chatbot-tot-kuenstliche-intelligenz.

Bhatt, Nikita, Nirav Bhatt und Purvi Prajapati: *Deep Learning: A New Perspective*, in: International Journal of Latest Technology in Engineering, Management & Applied Science 6.6 (2017), 136–140.

Biselli, Anna: *How-To Analyze Everyone – Teil IX: Predictive Policing oder wenn Vorurteile Algorithmen füttern*, in: Netzpolitik.org 29. Juli 2014, www.netzpolitik.org/2014/how-to-analyze-everyone-teil-ix-predictive-policing-oder-wenn-vorurteile-algorithmen-fuettern.

Biselli, Anna: *How-To Analyze Everyone – Teil V: Der Algorithmus weiß besser als Du, wer zu Dir passt*, in: Netzpolitik.org 14. März 2014, www.netzpolitik.org/2014/how-to-analyze-everyone-teil-v-der-algorithmus-weiss-besser-als-du-wer-zu-dir-passt.

Bon, Gustave Le: *Psychologie der Massen*, Köln: Anaconda, 2011/1895.

Borch, Christian: *Algorithmic Finance and (Limits to) Governmentality: On Foucault and High-Frequency Trading*, in: Le foucauldien 3.1 (2017).

Borges, Jorge Luis: *Die Bibliothek von Babel*, Stuttgart: Reclam, 2016/1941.

Bostrom, Nick: *Die Zukunft des Menschen. Aufsätze*, Berlin: Suhrkamp, 2018.

Brand, Stewart: *We Owe It All to the Hippies*, in: Time, special issue spring (1995).
(Hrsg.): *Whole Earth Catalog. Access to Tools*, o. O., 1968.

Brayne, Sarah, Alex Rosenblat und Danah Boyd: *Predictive Policing*, in: Data & Civil Rights conference: A New Era of Policing and Justice 2015, www. datacivilrights.org/pubs/2015-1027/Predictive_Policing.pdf.

Brieler, Ulrich: *Die Unerbittlichkeit der Historizität. Foucault als Historiker*, Köln, Weimar und Wien: Böhlau, 1998.

Brillouin, Jeon: *Science and Information Theory*, London: Academic Press, 1962.

Brockman, John: *Was sollen wir von Künstlicher Intelligenz halten?: Die führenden Wissenschaftler unserer Zeit über intelligente Maschinen*, Frankfurt/Main: S. Fischer, 2017.

Brunschvicg, Léon: *L'Expérience humaine et la causalité physique*, Paris: Presses universitaires de France, 1949.

Brynjolfsson, Erik und Andrew McAfee: *The Second Machine Age: Wie die nächste digitale Revolution unser aller Leben verändern wird*, Kulmbach: Plassen, 2014.

Bunz, Mercedes: *Die stille Revolution: Wie Algorithmen Wissen, Arbeit, Öffentlichkeit und Politik verändern, ohne dabei viel Lärm zu machen*, Berlin: Suhrkamp, 2012.

Capurro, Rafael: *Homo Digitalis. Beiträge zur Ontologie, Anthropologie und Ethik der digitalen Technik*, Wiesbaden: Springer VS, 2017.

— *Information. Ein Beitrag zur etymologischen und ideengeschichtlichen Begründung des Informationsbegriffs*, München u. a.: Saur, 1978, www.capurro.de/info.

— *Informationstechnologien und Technologien des Selbst: Ein Widerstreit*, in: Deutsche Zeitschrift für Philosophie 40.3 (1992), 293–304.

Carnot, Nicolas Léonard Sadi: *Betrachtungen über die bewegende kraft des feuers und die zur entwickelung dieser kraft geeigneten maschinen*, Leipzig: Verlag von Wilhelm Engelmann, 1892/1824.

Castells, Manuel: *Das Informationszeitalter. Wirtschaft, Gesellschaft. Kultur*, 3 Bde., Opladen: Leske & Budrich, 2001.

Chalmers, David J.: *Facing Up to the Problem of Consciousness*, in: Journal of Consciousness Studies 2.3 (1995), 200–219, www.consc.net/papers/facing.

Clausius, Rudolf: *Über verschiedene für die Anwendung bequeme Formen der Hauptgleichungen der mechanischen Wärmetheorie*, in: Annalen der Physik und Chemie 125 (1865).

Clynes, Manfred E. und Nathan S. Kline: *Cyborgs and Spece*, in: Astronautics 9.5 (1960), 26–27, 74–76.

Constanze: *Mit Facebook-Daten vorhersagen, wer Alkohol oder andere Drogen nimmt*, in: Netzpolitik.org 30. Mai 2017, www.netzpolitik.org/2017/mit-facebook-daten-vorhersagen-wer-alkohol-oder-drogen-nimmt.

Dammbeck, Lutz: *Das Netz. Adorno, LSD und Internet – Dokumentarfilm*, Berlin: Absolut Medien, 2006.

Dath, Dietmar: *Maschinenwinter. Wissen, Technik, Sozialismus. Eine Streitschrift*, Frankfurt/Main: Suhrkamp, 2008.

Derrida, Jacques: *Die Struktur, das Zeichen und das Spiel im Diskurs der Wissenschaften vom Menschen*, in: *Die Schrift und die Differenz*, Frankfurt/Main: Suhrkamp, 1976, 422–442.

— *Eine gewisse unmögliche Möglichkeit, vom Ereignis zu sprechen*, Berlin: Merve, 2003.
— *Falschgeld. Zeit geben*, München: Wilhelm Fink, 1993.
— *Grammatologie*, Frankfurt/Main: Suhrkamp, 2013/1967.
— *Politik der Freundschaft*, Frankfurt/Main: Suhrkamp, 2002.
— *Schurken. Zwei Essays über die Vernunft*, Frankfurt/Main: Suhrkamp, 2003.
Dertouzos, Michael L.: *What Will Be: Die Zukunft des Informationszeitalters*, Wien: Springer, 1999.
Deutsch, Karl W.: *Politische Kybernetik. Modelle und Perspektiven*, Freiburg im Breisgau: Rombach, 1969.
Dretske, Fred: *Knowledge and Flow of Information*, Cambridge: MIT-Press, 1981.
Eberl, Ulrich: *Smarte Maschinen*, München: Hanser, 2016.
Eddington, Arthur: *Das Weltbild der Physik und ein Versuch seiner philosophischen Deutung*, Braunschweig: Vieweg, 1931.
Engels, Friedrich: *Dialektik der Natur*, Berlin: Dietz, 1961/1925.
Enzensberger, Hans Magnus: *Anmerkungen der Redaktion*, in: Kursbuch 8 (1967), 189–191.
Ernst, Wolfgang: *Datum und Information. Begriffsverwirrungen*, in: Wolfenbütteler Notizen zur Buchgeschichte 27.2 (2002), 159–181.
Esposito, Elena: *Die Fiktion der wahrscheinlichen Realität*, Berlin: Suhrkamp, 2014.
Faßler, Manfred: *Cyber-Moderne. Medienevolution, globale Netzwerke und die Künste der Kommunikation*, Wien, New York: Springer, 1999.
Fensel, Dieter: *Ontologies. A Silver Bullet for Knowledge Management and Electronic Commerce*, Wiesbaden: Springer VS, 2004.
Feustel, Robert: *»A Measure of Disorder« – Entropie als Metapher für das Andere der Ordnung*, in: Behemoth. A Journal on Civilisation 6.1 (2013), 118–139.
— *»Ein Anzug aus Strom«. LSD, Kybernetik und die psychedelische Revolution*, Wiesbaden: Springer, 2015.
Fischer, Vera: *Vom langen Jetzt. Eine medienphilosophische Zeitreise zur Long Now Foundation*, Bielefeld: transcript, 2017.
Floridi, Luciano: *Ethics after the Information Revolution*, in: Information and Computer Ethics, Cambridge: Cambridge University Press, 2010, 3–19.
— *Philosophic Conceptions of Information*, in: Giovanni Sommaruga (Hrsg.): Formal Theories of Information: From Shannon to Semantic Information Theory and General Concepts of Information, Wiesbaden: Springer, 2009.
— *Semantic Conceptions of Information*, in: Stanford Encyclopedia of Philosophy 2015, plato.stanford.edu/entries/information-semantic.
— *The Philosophy of Information*, Oxford: Oxford University Press, 2013.
Foerster, Heinz von: *KybernEthik*, Berlin: Merve, 1993.
— *Zirkularität. Die Anfänge einer Epistemologie der Verantwortung*, in: Claus Pias (Hrsg.): Cybernetics – Kybernetik. The Macy-Conferences 1946–1953 I. Transactions/Protokolle, Zürich, Berlin: diaphanes, 2003, 19–26.

Foucault, Michel: *Andere Räume*, in: Karlheinz Barck u. a. (Hrsg.): Aisthesis. Wahrnehmung heute oder Perspektiven einer anderen Ästhetik, Leipzig: Reclam, 1992.

— *Die Ordnung der Dinge. Eine Archäologie der Humanwissenschaften*, Frankfurt/Main: Suhrkamp, 1974.

— *Nietzsche, die Genealogie, die Historie*, in: Michel Foucault: Von der Subversion des Wissens, Frankfurt/Main: Fischer, 1996.

Frank, Helmar (Hrsg.): *Kybernetik – Brücke zwischen den Wissenschaften*, Frankfurt/Main: Umschau, 1964.

— *Semiotik und Informationstheorie*, in: Roland Posner, Klaus Robering und Thomas A. Sebeok (Hrsg.): Semiotik. Ein Handbuch zu den zeichentheoretischen Grundlagen von Natur und Kultur, Bd. 3, Berlin, New York: De Gruyter, 2003, 2418–2436.

Fredkin, Edward: *Digital Mechanics*, Moskito Island: DM-Book, 2000.

Freese, Peter: *Vom apokalyptischen zum entropischen Ende. Thermodynamik, Informatik und Literatur*, Paderborn: Paderborner Universitätsreden (100), 2006.

Freud, Sigmund: *Totem und Tabu. Einige Übereinstimmungen im Seelenleben der Wilden und der Neurotiker*, Leipzig: Internationaler Psychoanalytischer Verlag, 1922.

Fukuyama, Francis: *Das Ende der Geschichte. Wo stehen wir?*, München: Kindler, 1992.

Galloway, Alexander R. und Eugene Thacker: *The Exploit. A Theory of Networks*, Minneapolis und London: University of Minnesota Press, 2007.

Gates, Bill: *The road ahead*, London: Viking Press, 1995.

Geiselberger, Heinrich und Tobias Moorstedt (Hrsg.): *Big Data: Das neue Versprechen der Allwissenheit*, Berlin: Suhrkamp, 2013.

Gershenfeld, Neil: *Wenn die Dinge denken lernen*, München, Düsseldorf: Econ, 1999.

Gerstner, Dominik: *Predictive Policing als Instrument zur Prävention von Wohnungseinbruchdiebstahl. Evaluationsergebnisse zum Baden-Württembergischen Pilotprojekt P4*, Freiburg im Breisgau 2017.

Gilder, George u. a.: *Cyberspace and the American Dream: A Magna Carta for the Knowledge Age*, in: The Progress & Freedom Foundation 1. August 1994, www.pff.org/issues-pubs/futureinsights/fi1.2magnacarta.

Gleick, James: *Die Information. Geschichte, Theorie, Flut*, München: Redline, 2011.

Gluba, Alexander: *Predictive Policing – eine Bestandsaufnahme. Historie, theoretische Grundlagen, Anwendungsgebiete und Wirkung*, in: LKA Niedersachsen 2014.

Gruber, Tom: *Ontology*, in: Ling Liu und M. Tamer Özsu (Hrsg.): Encyclopedia of Database Systems, Wiesbaden: Springer, 2008, 1546–1550.

Gudehus, Timm: *Dynamische Märkte. Praxis, Strategien und Nutzen für Wirtschaft und Gesellschaft*, Berlin, Heidelberg und New York: Springer, 2007.

Habermas, Jürgen: *Erläuterungen zur Diskursethik*, Frankfurt/Main: Suhrkamp, 1991.

Hacking, Ian: *The Taming of Chance*, Cambridge: Cambridge University Press, 1990.

Hagner, Michael: *Home cerebralis. Der Wandel vom Seelenorgan zum Gehirn*, Frankfurt/Main: Suhrkamp, 2008.

— *Vom Aufstieg und Fall der Kybernetik als Universalwissenschaft*, in: Michael Hagner und Erich Hörl (Hrsg.): Die Transformation des Humanen. Beiträge zur Kulturgeschichte der Kybernetik, Frankfurt/Main: Suhrkamp, 2008, 38–72.

Hagner, Michael und Dirk Helbing: *Technologiegetriebene Gesellschaft oder sozial orientierte Technologie? Ein Gespräch*, in: Big Data. Das neue Versprechen der Allwissenheit, Berlin: Suhrkamp, 2016.
Haraway, Donna: *A Cyborg Manifesto: Science, Technology, and Socialist-Feminism in the Late Twentieth Century*, in: Donna Haraway: Simians, Cyborgs and Women: The Reinvention of Nature, New York: Routledge, 1991, 149–181.
Heidegger, Martin: *Sein und Zeit*, Berlin, München, Boston: De Gruyter, 2013.
Heitmüller, Ulrike: *Predictive Policing: Die deutsche Polizei zwischen Cyber-CSI und Minority Report*, in: heise online 14. Juli 2017, www.heise.de/-3685873.
Helmholtz, Hermann: *Über die Wechselwirkung der Natur und die darauf bezüglichen neue Ermittlungen der Physik*, in: Populäre wissenschaftliche Vorträge 2 (1876).
Herrmann, Hans-Christian von: *Literatur und Entropie*, Berlin: Duncker & Humblot, 2014.
Hörl, Erich: *Das kybernetische Bild des Denkens*, in: Michael Hagner und Erich Hörl (Hrsg.): Die Transformation des Humanen. Beiträge zur Kulturgeschichte der Kybernetik, Frankfurt/Main: Suhrkamp, 2008, 163–196.
Hörl, Erich und Michael Hagner: *Überlegungen zur kybernetischen Transformation des Humanen*, in: Erich Hörl und Michael Hagner (Hrsg.): Die Transformation des Humanen. Beiträge zur Kulturgeschichte der Kybernetik, Frankfurt/Main, 2008, 7–37.
Horn, Eva: *Zukunft als Katastrophe*, Frankfurt/Main: Fischer, 2014.
Jaynes, Edwin Thompson: *Information Theory and Statistical Mechanics*, in: The Physical Review 106.4 (1957), 620–630.
Jochum, Uwe: *Kritik der neuen Medien*, München: Wilhelm Fink, 2003.
Johnson, George: *You Know That Space-Time Thing? Never Mind*, in: The New York Times, 9. Juni 2002.
Jonscher, Charles: *Wired life*, New York: Bantam, 1999.
Jursa, Oskar: *Kybernetik, die uns angeht. Aktuelles Wissen*, hrsg. v. Rüdiger Proske, Gütersloh, Berlin, München, Wien: Bertelsmann-Lexikon-Verlag, 1971.
Kannegießer, Karl-Heinz: *Zum zweiten Hauptsatz der Thermodynamik*, in: Deutsche Zeitschrift für Philosophie 7 (1961), 841–860.
Karafillidis, Athanasios: *Die Materie der Kybernetik. Über Kommunikation in organisch-mechanischen Verbindungen*, in: Behemoth. A Journal on Civilisation 10.1 (2017), 130–153.
Keese, Christoph: *Silicon Valley. Was aus dem mächtigsten Tal der Welt auf uns zukommt*, München: Knaus, 2014.
Kelly, Kevin: *Der zweite Akt der Schöpfung. Natur und Technik im neuen Jahrtausend*, Frankfurt/Main: S. Fischer, 1999.
Kesey, Ken: *Demon Box*, London: Meuthuen, 1986.
Kling, Marc-Uwe: *QualityLand*, Berlin: Ullstein, 2017.
Klinge, Sebastian und Laurens Schlicht (Hrsg.): *Geheimes Wissen. Perspektiven auf das Wissen vom Geheimnis seit dem 18. Jahrhundert*, Berlin: trafo, 2014.
Kollek, Regine und Thomas Lemke: *Der medizinische Blick in die Zukunft. Gesellschaftliche Implikationen prädiktiver Gentests*, Frankfurt/Main: Campus, 2008.
Kopp, Johannes: *Kampf ohne Ende*, in: taz 23.12.2017, 38.

Kreuzer, Helmut (Hrsg.): *Die zwei Kulturen. Literarische und naturwissenschaftliche Intelligenz. C.P. Snows Thesen in der Diskussion*, München: Klett-Cotta. 1987.
Kuhlen, Rainer: *Information*, in: Rainer Kuhlen, Thomas Seeger und Dietmar Strauch (Hrsg.): Handbuch Grundlagen von Information und Dokumentation, München: Saur, 2004, 3–20.
Kuhn, Thomas S.: *The Essential Tension. Selected Studies in Scientific Tradition and Change*, Chicago und London: The University of Chicago Press, 1977.
Kümmel, Albert: *Mathematische Medientheorie*, in: Daniela Kloock und Angela Spahr (Hrsg.): Medientheorie. Eine Einführung, München: UTB, 1997, 205– 236.
Lacan, Jacques: *Schriften I*, Wien, Berlin: Turia & Kant, 2016.
Laclau, Ernesto: *Emanzipation und Differenz*, Wien und Berlin: Turia & Kant, 2010.
Lakoff, George und Mark Johanson: *Leben in Metaphern. Konstruktion und Gebrauch von Sprachbildern*, Heidelberg: Carl-Auer, 1998.
Landes, David S.: *The Unbound Prometheus: Technological Change and Industrial Development in Western Europe from 1750 to the Present*, Cambridge: Univ. Press, 1969.
Langenohl, Andreas: *Die Sinndimension von Markt-Zeit. Zum Verhältnis zwischen der Operationsweise von Finanzmärkten und ihre (Selbst-)Darstellungen*, in: Andreas Langenohl und Kerstin Schmidt-Beck (Hrsg.): Die Markt-Zeit der Finanzwirtschaft. Soziale, kulturelle und ökonomische Dimensionen, Marburg: Metropolis, 2007, 7–36.
Levy, Steven: *The Man Who Cracked the Code to Everything* ..., in: Wired, 6. Januar 2002, www.wired.com/2002/06/wolfram.
Licklider, J. C. R.: *Man-Computer-Symbiosis*, in: IRE Transactions on Human Factors in Electronics 1 (1960), 4–11, www.groups.csail.mit.edu/medg/people/psz/Licklider.
Lilly, John C.: *Human Biocomputer. Programming and Metaprogramming*, New York: The Julian Press, 1967.
Lobo, Sascha: *Warum eine Rentenversicherung, wenn ich mit 50 sterbe?*, in: Spiegel Online 14. Juni 2017, www.spiegel.de/netzwelt/web/sascha-lobo-ueber-ehealth-und-das-recht-auf-nichtwissen-a-1152081.
Lohberg, Rolf und Theo Lutz: *Keiner weiß was Kybernetik ist. Eine verständliche Einführung in eine moderne Wissenschaft*, Stuttgart: Kosmos, 1970.
Lohschmidt, Joseph: *Der zweite Satz der mechanischen Wärmelehre*, in: Sitzungsberichte der Mathematisch-Naturwissenschaftlichen Classe der Kaiserlichen Akademie der Wissenschaften 59.2 (1869), 395–418.
Löwenthal, Leo: *Falsche Propheten. Studien zum Autoritarismus*, Frankfurt/Main: Suhrkamp, 1990.
Lüdemann, Susanne: *Metaphern der Gesellschaft. Studien zum soziologischen und politischen Imaginären*, München: Wilhelm Fink, 2004.
Luhmann, Niklas: *Entscheidungen in der »Informationsgesellschaft«. Skript eines Vortrags, gehalten Beitrag: »Soft society: eine internationale Konferenz über die kommende Informationsgesellschaft«*, 1996, www.fen.ch/texte/gast_luhmann_ informationsgesellschaft.
— *Legitimation durch Verfahren*, Darmstadt: Neuwied, 1969.
— *The Future Cannot Begin: Temporal Structures in Modern Society*, in: Social Research 43 (1976), 130–152.

Lum, Kristian und Isaac William: *To predict and serve?*, in: Significance 13.5 (2016), www.online library.wiley.com/doi/10.1111/j.1740-9713.2016.00960.x/full.

Machlup, Fritz: *The Study of Information: Interdisciplinary* Messages, hrsg. v. Una Mansfield, New York: John Wiley & Sons Inc, 1983/1962.

Mainzer, Klaus: *Die Berechnung der Welt. Von der Weltformel zu Big Data*, München: C. H. Beck, 2014.

— *Zur Veränderung des Theoriebegriffs im Zeitalter von Big Data und effizienten Algorithmen*, in: Berliner Debatte Initial 27.4 (2016), 22–34.

Martin, James: *The Wired Society*, Engelwood Cliffs: Prentice-Hall, 1978.

Maxwell, James Clerk: *Theory of Heat*, London: Longmans, Green, and co, 1877.

McCulloch, Warren S. und Walter Pitts: *A Logic Calculus of the Ideas Immanent in Nervous Activitiy*, in: Bulletin of Mathematical Biology 52.1/2 (1990/1943), 99–115.

Menant, Christophe: *Information and Meaning*, in: Entropy 5.2 (2003), 193–204.

Merton, Robert und Pitrim Sorokin: *Social Time: A Methodological and Functional Analysis*, in: American Journal of Sociology 42.5 (1937).

Monroy, Matthias: *Blick in die Glaskugel: Bundeswehr will politische Ereignisse vorhersehen*, in: Netzpolitik.org 7. Juni 2018, www.netzpolitik.org/2018/blick-in-die-glaskugel-bundeswehr-will-politische-ereignisse-vorhersehen (Zugriff am 8. Juni 2018).

Montag, Christian: *Homo Digitalis: Smartphones, soziale Netzwerke und das Gehirn*, Wiesbaden: Springer VS, 2017.

Morozov, Evgeny: *Smarte neue Welt: Digitale Technik und die Freiheit des Menschen*, München: Karl Blessing, 2013.

— *To Save Everything, Click Here. Technology, Solutionism and the Urge to Fix Problems That Don't Exist*, London: Penguin Books, 2013.

Müller, Heiner: *Zur Lage der Nation*, Berlin: Rotbuch, 1990.

Nath, Trevir: *Investing Basics: What Is The Efficient Market Hypothesis, and What Are Its Shortcomings?*, in: nasdaq.com 15. Oktober 2015, www.nasdaq.com/article/investing-basics-what-is-the-efficient-market-hypothesis-and-what-are-its-shortcomings-cm530860.

Negroponte, Nicholas: *Total digital: Die Welt zwischen 0 und 1 oder Die Zukunft der Kommunikation*, München: Bertelsmann, 1995.

Neumann, John von: *Die Rechenmaschine und das Gehirn*, München: Oldenbourg, 1960.

Newton, Casey: *Speak, Memory. When her best friend died, she rebuilt him using artificial intelligence*, in: The Verge 2016, www.theverge.com/a/luka-artificial-intelligence-memorial-roman-mazurenko-bot.

Nietzsche, Friedrich: *Also sprach Zarathustra. Sämtliche Werke. Kritische Studienausgabe in 15 Bänden*, Bd. IV, München: De Gruyter, 1988.

— *Jenseits von Gut und Böse. Kritische Studienausgabe Bd. V*, 1999.

Oakden-Rayner, Luke, Gustavo Carneiro und Taryn Bessen: *Precision Radiology: Predicting longevity using feature engineering and deep learning methods in a radiomics framework*, in: Scientific Reports 7.1648 (2017), www.nature.com/ articles/s41598-017-01931-w.

Opitz, Sven und Ute Tellmann: *The Politics of Time: Future Emergencies in Law and Economy*, in: Theory, Culture & Society 32.2 (2015), 107–129.

Perkin, Harold: *The Rise of Professional Society. England since 1880*, New York: Routledge, 2006.
Perry, Walter L., Brian McInnis, Carter C. Price, Susan C. Smith und John S. Hollywood: *Predictive Policing. The Role of Crime Forecasting in Law Enforcement Operations*, Santa Monica, CA: RAND, 2013.
Peters, John Durham: *Information: Notes Toward a Critical History*, in: Journal of communication inquiry 12 (1988), 9–23.
Pias, Claus (Hrsg.): *Cybernetics – Kybernetik. The Macy-Conferences 1946–1953 I. Transactions/ Protokolle*, Zürich, Berlin: diaphanes, 2003
— (Hrsg.): *Cybernetics – Kybernetik. The Macy-Conferences 1946–1953 II. Essays & Documents/Essays & Dokumente*, Zürich, Berlin: diaphanes, 2004.
— *Das digitale Bild gibt es nicht. Über das (Nicht-)Wissen der Bilder und die informatische Illusion*, in: zeitenblicke 1 (2003), www.zeitenblicke.de/2003/01/pias/pias.pdf.
— *Zeit der Kybernetik – eine Einstimmung*, in: Claus Pias (Hrsg.): Cybernetics – Kybernetik. The Macy-Conferences 1946–1953 I. Transactions / Protokolle, Zürich, Berlin: diaphanes, 2003, 9 – 42.
Porat, Marc Uri: *The Information Economy: Definition and Measurement*, Washington: U. S. Government Printing Office, 1977, www.files.eric.ed.gov/fulltext/ED142205.pdf.
Pörksen, Bernhard: *Die Theorie der Filterblasen ist nicht länger haltbar – Wir leiden bereits unter dem Filter-Clash*, in: Neue Zürcher Zeitung 12. Juli 2018, www.nzz.ch/feuilleton/die-theorie-der-filterblasen-ist-nicht-laenger-haltbardenn-wir-leiden-bereits-unter-dem-filter-clash-ld.1402553.
Priester, Karin: *Rechter und linker Populismus. Annäherungen an ein Chamäleon*, Frankfurt/ Main: Campus, 2012.
Qvortrup, Lars: *The controversy over the concept of information. An overview and a selected and annotated bibliography*, in: Cybernetics & Human Knowing 1.4 (1993), 3–24.
Rancière, Jacques: *Das Unvernehmen. Politik und Philosophie*, Frankfurt/Main: Suhrkamp, 2002.
Rapp, Hans Reinhard: *Mensch, Gott und Zahl. Kybernetik im Horizont der Theologie*, Leinen: Furche, 1967.
Rheinberger, Hans-Jörg: *Experimentalsysteme und epistemische Dinge: Eine Geschichte der Proteinsynthese im Reagenzglas*, Frankfurt/Main: Suhrkamp, 2006.
Rheingold, Howard: *»Wir wollten den Geist erweitern«*, in: taz 3. Juni 2017, 20.
Riedl, Joachim: *Wie Maschinen denken lernen*, in: Zeit Online 19. März 2018, www.zeit.de/2018/12/viktor-mayer-schoenberger-digitalisierung-big-data.
Rieger, Stefan: *Kybernetische Anthropologie. Eine Geschichte der Virtualität*, Frankfurt / Main: Suhrkamp, 2003.
Rifkin, Jeremy: *Entropie. Ein neues Weltbild*, Hamburg: Hoffmann und Campe, 1982.
Ritschel, Gregor und Thomas Müller: Big *Data als Theorieersatz?*, in: Berliner Debatte Initial 27.4 (2016), 4–12.
Rössler, Julitta: *Raus aus Hamsterrad und Tretmühle*, Freiburg im Breisgau: Kreuz, 2012.
Roszak, Theodore: *Der Verlust des Denkens. Über die Mythen des Computer-Zeitalters*, München: Droemer Knaur, 1986.

Rucker, Rudy: *Mind Tools: The Five Levels of Mathematical Reality*, New York: Dover Publications, 1987.

Russell, Bertrand: *A Free Man's Worship*, in: *Mysticism and Logic and Other Essays*, The Floating Press, 2010/1902.

Warum ich kein Christ bin, München: Szczesny, 1963.

Samjatin, Jewgeni: *Über Literatur, Revolution, Entropie und anderes*, in: Aufsätze, Autobiographie, Brief an Stalin, Leipzig, Weimar: Kiepenheuer, 1991/1924.

Sarasin, Philipp: *Fakten. Was wir in der Postmoderne über sie wissen können*, in: Geschichte der Gegenwart 9. Oktober 2016, www.geschichtedergegenwart.ch/faktenwas-wir-in-der-postmoderne-ueber-sie-wissen-koennen.

Sasse, Sylvia und Sandro Zanetti: *Postmoderne als Pappkamerad*, in: Geschichte der Gegenwart 11. Juli 2017, www.geschichtedergegenwart.ch/postmoderne-alspappkamerad.

Saxberg, Natasha: *Homo Digitalis: How Human Needs Support Digital Behavior For People, Organizations And Societies*, Amazon Digital Services LLC, 2015.

Schirmacher, Frank: *Ego. Das Spiel des Lebens*, München: Blessing, 2013.

Schmitt, Stefan: *Dieser Mann denkt über den Untergang der Menschheit nach*, in: Die Zeit 2016, www.zeit.de/2016/21/nick-bostrom-oxfordphilosoph-kuenstliche-intelligenz.

Schrape, Jan-Felix: *Big Data: Informatisierung der Gesellschaft 4.0*, in: Berliner Debatte Initial 27.4 (2016), 12–22.

Schulz, Hannes und Sven Behnke: *Deep Learning Layer-wise Learning of Feature Hierarchies*, in: Künstliche Intelligenz 26.4 (2012), 357–363.

Schwartz, Steven: *Wie Pawlow auf den Hund kam*, Weinheim, Basel: Beltz, 1988.

Schyga, Peter: *Entropie*, in: Historisch-kritisches Wörterbuch des Marxismus, Bd. 3, Hamburg: Argument, 1997, 512–522.

Searle, John R.: *Minds, brains, and programs*, in: Behavioral and Brain Sciences 3.3 (1980), 417–457.

Senghaas, Dieter: *Kybernetik und Politikwissenschaft*, in: Politische Vierteljahresschrift 2 (1966), 252–276.

Shannon, Claude E.: *The Mathematical Theory of Communication*, Urbana: University of Illinois Press, 1949.

Shapiro, Carl und Hal R. Varian: *Information Rules. A Strategic Guide to the Network Economy*, Boston: Harvard Business School Press, 1999.

Sickert, Teresa: *Vom Hipster-Mädchen zum Hitler-Bot*, in: Spiegel Online 24. März 2016, www.spiegel.de/netzwelt/web/microsoft-twitter-bot-tay-vom-hipstermaedchen-zum-hitlerbot-a-1084038.

Silberstein, Schlecky: *Das Internet muss weg: Eine Abrechnung*, München: Knaus, 2018.

Simanowski, Roberto: *Data Love*, hrsg. v. Data Love, Berlin: Matthes & Seitz, 2014.

Snow, C. P.: *Die zwei Kulturen. Rede–Lecture*, in: Helmut Kreuzer (Hrsg.): Die zwei Kulturen. Literarische und naturwissenschaftliche Intelligenz. C. P. Snows Thesen in der Diskussion, München: Klett-Cotta, 1987, 19–58.

Soliman, Tina: *Der Todesalgorithmus: Computer berechnet Lebenserwartung*, in: Panorama 14. Dezember 2017, www.daserste.ndr.de/panorama/archiv/2017/Der-Todesalgorithmus-Computer-berechnet-Lebenserwartung,todesalgorithmus112.

Spengler, Oswald: *Der Untergang des Abendlandes: Umrisse einer Morphologie der Weltgeschichte*, München: C. H. Beck, 1963.

Stäheli, Urs: *Spektakuläre Spekulation. Das Populäre der Ökonomie*, Frankfurt/Main: Suhrkamp, 2007.

Stalder, Felix: *Kultur der Digitalität*, Berlin: Suhrkamp, 2016.

Steinbuch, Karl: *Automat und Mensch. Kybernetische Tatsachen und Hypothesen*, Berlin: Springer, 1963.

— *Informatik: Automatische Informationsverarbeitung*, Heft 4, SEG-Nachrichten, 1957.

Stevens, Jay: *Storming Heaven. LSD and the American Dream*, New York: Harper und Row, 1988.

Stonier, Tom: *Information and the Internal Structure of the Universe*, London, Berlin: Springer, 1990.

tag24: *Die Linken beschließen: Terroristen dürfen bleiben!*, in: tag24.de 7. Dezember 2017, www.tag24.de/nachrichten/beschluss-die-linke-berlin-gegen-abschiebung-terroristen-bekaempfung-praevention-haltung-politik-zuendstoff-393807.

Tellmann, Ute: *Die Zeit und die Konventionen der Ökonomie*, in: Andreas Langenohl und Kerstin Schmidt-Beck (Hrsg.): Die Markt-Zeit der Finanzwirtschaft. Soziale und ökonomische Dimensionen, Marburg: Metropolis, 2007, 237–260.

Thomas, Rachel: *It from bit?*, in: Plus Magazine 2015, ww.plus.maths.org/content/it-bit.

Thomson, William: *On the Dynamical Theory of Heat, with numerical results deduced from Mr Joule's equivalent of a Thermal Unit, and M. Regnault's Observations on Steam*, in: The London, Edinburgh and Dublin Philosophical Magazine and Journal of Sciences 4 (Juli 1852), 12–20.

Tiqqun: *Kybernetik und Revolte*, Berlin, Zürich: diaphanes, 2007.

Toffler, Alvin: *Power Shift: Knowledge, Wealth, and Violence at the Edge of the 21st Century*, New York: Bantam Books, 1991.

Türcke, Christoph: *Erregte Gesellschaft. Philosophie der Sensation*, München: C. H. Beck, 2002.

Turner, Fred: *From Counterculture to Cyberculture. Stewart Brand, the Whole Earth Network, and the Rise of Digital Utopianism*, London: University of Chicago Press, 2006.

Urry, John: *Mobile sociology1*, in: The British Journal of Sociology 51.1 (2000), 185–203, www.onlinelibrary.wiley.com/doi/abs/10.1111/j.1468- 4446.2000.00185.x.

Virilio, Paul und Philippe Petit: *Cyberwelt, die wissentlich schlimmste Politik*, Berlin: Merve, 2011.

Vogl, Joseph: *Das Gespenst des Kapitals*, Zürich: diaphanes, 2010.

— *Der Souveränitätseffekt*, Zürich: Diaphanes, 2015.

Watson, James D.: *The Double Helix: A Personal Account of the Discovery of the Structure of DNA*, New American Library, 1969.

Watts, Alan: *Kosmologie der Freude*, Darmstadt: Metzler, 1972/1962.

Weaver, Warren: *Recent Contributions to the Mathematical Theory of Commuication*, in: Claude Shannon und Warren Weaver: The Mathematical Theory of Communication, University of Illinois Press, 1949.

Webster, Frank: *The Information Society Revisited*, in: Leah A. Lievrouw und Sonia Livingstone (Hrsg.): Handbook of New Media, Thousand Oaks, California: Sage, 2002, 255–266.

Wellmer, Albrecht: *Sprachphilosophie. Eine Vorlesung*, Frankfurt/Main: Suhrkamp, 2004.

Wells, H. G.: *Selected Short Stories*, Harmondsworth 1965.

Welzer, Harald: *Die smarte Diktatur: Der Angriff auf unsere Freiheit*, Frankfurt/Main: S. Fischer, 2016.

Weste, Anton: *In Maschinenschrift*, in: Technology Review 2017, www.heise. de/tr/artikel/In-Maschinenschrift-3594636.

Wheeler, John A.: *Information, physics, quantum: The search for links*, in: Wojciech Hubert Zurek (Hrsg.): Complexity, Entropy, and the Physics of Information, Redwood City, California: Addison-Wesley, 1990.

Wiener, Norbert: *Cybernetics, or control and communication in the animal and the machine*, Cambridge: MIT Press, 1948.

— *Mensch und Menschmaschine*, Frankfurt/Main: Ullstein, 1958.

— *The Human Use of Human Beings. Cybernetics and Society*, Garden City, New York: Doubleday, 1954.

Wise, Norton: *Time Discovered and Time Gendered in Victorian Science and Culture*, in: Bruce Clarke und Linda Dalrymple Henderson (Hrsg.): From Energy to Information: representation in science and technology, art and literature, Stanford: Stanford University Press, 2002, 38–58.

Wöhlcke, Manfred: *Soziale Entropie. Die Zivilisation und der Weg allen Fleisches*, München: dtv, 1996.

Wolfe, Tom: *The Electric Kool-Aid Acid Test. Die legendäre Reise von Ken Kesey und den Merry Pranksters*, München: Heyne, 2009/1968.

Wolfram, Stephen: *A New Kind of Science*, Champaign: Wolfram Media, 2002.

Wolkenstein, Michail: *Entropie und Information*, Berlin: Akademie Verlag, 1990.

Zermolo, Ernst: *Über einen Satz der Dynamik und die mechanische Wärmetheorie*, in: Annalen der Physik 57 (1896), 493.

Žižek, Slavoj: *Die Tücke des Subjekts*, Frankfurt/Main: Suhrkamp, 2001.

Ein Klüngel aus privaten und staatlichen Akteuren will unsere Freiheit rauben. Aber die Bürger-Wut wächst, in: Neue Zürcher Zeitung, 30. September 2018, www.nzz.ch/feuilleton/wenn-unfreie-sich-fuer-frei-halten-ld.1423150.

Zoglauer, Thomas: *Can Information be Naturalized?*, in: Klaus Kornwachs und Konstantin Jacoby (Hrsg.): Information. New Questions to a Multidisciplinary Concept, Berlin: Akademie Verlag, 1996, 187–208.

Zuse, Konrad: *Rechnender Raum*, in: Elektronische Datenverarbeitung 8 (1967), 336–344.

ABBILDUNGEN

DANKSAGUNG

Der Weg zu diesem Text war lang und steinig. Mein Dank gilt Nancy Grochol, die nicht nur intensiv und scharfsinnig lektoriert hat, sondern sich auch beinahe unzählige Male Details und Irritationen, Fragen und Erkenntnismomente anhören musste. Ebenfalls danken möchte ich Professor Tilman Reitz, der die Verknüpfung von Information und Zeit aufwarf und damit ein entscheidendes Argument lieferte, um die aktuelle Lage zu verstehen.